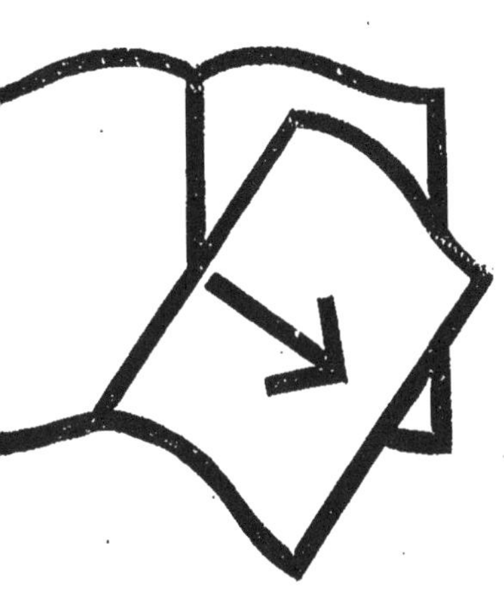

Couvertures supérieure et inférieure manquantes

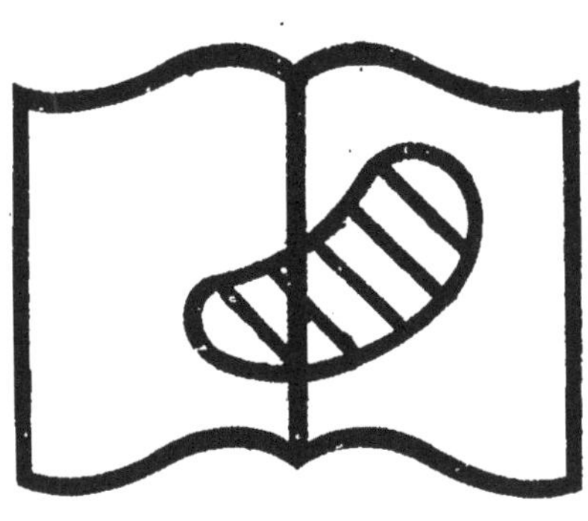

Illisibilité partielle

VALABLE POUR TOUT OU PARTIE DU DOCUMENT REPRODUIT

AVERTISSEMENT

Le Wadi Brissa est situé sur le versant oriental du Liban, à peu de distance du village métuali d'Hermel et des bords de l'Oronte, à deux jours de marche environ de Tripoli de Syrie.

Je n'ai pas l'intention d'ennuyer le lecteur du récit de mes pérégrinations; je ne lui apprendrai pas, comme le font trop souvent les voyageurs, quels ont été les *khans* où j'ai couché et je ne lui ferai point connaître les menus de mes repas. Il est si facile aujourd'hui de voyager dans le Liban et l'ancienne Célé-Syrie, les régions qu'on traverse sont si belles et si intéressantes au point de vue archéologique, enfin la sécurité est partout si grande, que ceux qui font de pareils voyages n'ont vraiment pas le droit de s'attribuer le moindre mérite et de se glorifier des fatigues très supportables du reste qu'ils ont dû endurer.

Je me contenterai donc de dire que j'ai visité le Wadi Brissa, pour la première fois, le 16 octobre 1883. J'étais parti le matin même d'Hermel avec un habitant de ce village que j'avais pris comme guide et qui m'avait promis de me montrer des inscriptions antiques. Après avoir suivi pendant un certain temps les bords de l'Oronte à la recherche d'une inscription qui n'existait pas, je traversai le fleuve à gué et j'arrivai à un endroit appelé Haïra, situé sur la rive gauche, où, d'après mon guide, on voyait les ruines d'une ancienne ville. Ces ruines étaient celles d'un village probablement très moderne. J'hésitai pendant quelque temps sur la route à suivre et j'avais grande envie de me rendre à Rableh et sur les bords du lac de Homs; néanmoins, mon guide m'ayant assuré qu'il avait vu des inscriptions dans le Wadi Brissa qui s'ouvre dans la plaine juste en face de Haïra, je me décidai à l'y suivre et je n'eus pas lieu de m'en repentir, car il me montra dans cette vallée où, paraît-il, aucun Européen n'avait jamais passé, deux inscriptions de Nabuchodonosor II (Nabuchodonosor fils de Nabou-pal-oussour).

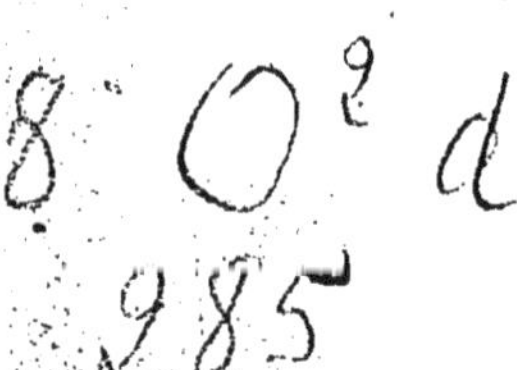

Malgré leur antiquité, ces textes étaient encore presque intacts il y a quelques années, c'est du moins ce que m'ont assuré les habitants de la vallée; malheureusement, un Maughrébin qui voyageait dans le pays les aperçut et, s'imaginant que le rocher contenait un trésor, il creusa la pierre au moyen d'un instrument de métal, l'entama à certains endroits jusqu'à une profondeur de plusieurs centimètres, détruisit presque complètement les bas-reliefs et rendit la plus grande partie des inscriptions complètement illisible. Un fragment de pierre détaché des bas-reliefs que je trouvai devant une des inscriptions me prouva que les habitants de la vallée ne me trompaient pas et que la mutilation devait être toute récente.

La croyance que les textes antiques contiennent des trésors ou indiquent l'endroit où ils sont enfouis est générale dans le Liban et a causé la perte de bien des monuments. J'eus beaucoup de peine à persuader aux Métualis que je n'étais pas un chercheur de trésors. Je doute même que je sois parvenu à les convaincre tous, mais je dois ajouter que les Métualis du Wadi Brissa sont aussi inoffensifs qu'ignorants; bien que je n'eusse avec moi qu'un domestique la première fois que je visitai leur vallée et que, lorsque j'y retournai dans la suite, je ne fusse accompagné que d'un domestique et d'un muletier, je n'ai jamais eu à me plaindre d'eux en aucune manière.

Les inscriptions du Wadi Brissa seraient certainement les plus intéressants des textes de Nabuchodonosor, si elles étaient encore intactes. Malheureusement elles sont en partie illisibles, ce qui en reste est entrecoupé par de fréquentes lacunes et je suis le premier à reconnaître que, dans leur état actuel, elles ne nous apprennent presque rien. J'ai cru néanmoins devoir les publier. Bien que le nombre des textes assyriens imprimés jusqu'à ce jour soit assez considérable, il est pourtant absolument insuffisant et aucun de ceux qui s'occupent de langues sémitiques ne me reprochera, je crois, d'avoir tenu à publier, malgré leur peu d'intérêt, des inscriptions qui ont été gravées, il y a plus de deux mille ans, par l'ordre du vainqueur des Juifs, du plus illustre des rois de Babylone et qui, dans quelques années, n'existeront peut-être plus.

LE WADI BRISSA

Lorsque, partant du village d'Hermel[1], on se dirige vers le nord en suivant le pied des montagnes, on arrive facilement en deux heures de marche à l'entrée du Wadi Brissa, La vallée, partout très étroite, s'ouvre à l'est sur la plaine de l'Oronte et s'enfonce dans le Liban en décrivant de nombreuses sinuosités; elle aboutit à une sorte de cirque très élevé, entouré de tous les côtés par des montagnes et arrosé par de nombreuses sources; de cet endroit, que les gens du pays appellent Mardj Haïn (مرج حين), on peut facilement, en traversant le Djourd, c'est-à-dire la partie centrale du Liban, se rendre en deux jours à Tripoli de Syrie. Très boisé et presque complètement privé d'eau (on n'y trouve qu'une seule source), le Wadi Brissa est inculte et à peu près désert. Il n'est habité que par un petit nombre de Métualis nomades, d'aspect misérable, qui font paître de nombreux troupeaux de chèvres, se transportent sans cesse d'un point à un autre et vivent sous la tente; on y voit pourtant quelques cabanes isolées, principalement dans le bas de la vallée.

Le voyageur qui pénètre dans le Wadi du côté de la plaine et qui le remonte dans la direction de Mardj Haïn, rencontre, au bout d'une heure et demie de marche environ, des ruines qui occupent le fond de la vallée. Le sol est couvert de blocs de pierre de dimension moyenne taillés pour la plupart avec beaucoup de soin et l'on aperçoit çà et là des soubassements de murs. Les Métualis que j'ai interrogés n'ont rien pu me dire au sujet de ces ruines auxquelles ils ne donnent même pas de

1. Le village d'Hermel est habité par des Métualis. Il est situé à la limite du moutessarifliq du Liban et à peu de distance des bords de l'Oronte, à l'emplacement d'une ville romaine que je ne saurais déterminer. On y trouve en effet des fragments de sculptures, des chapiteaux, des colonnes et des débris de tout genre provenant d'édifices antiques. Près d'Hermel, sur la rive droite de l'Oronte, on voit, au sommet d'une colline, le curieux édifice connu sous le nom de monument d'Hermel.

nom et, malgré tout le soin avec lequel je les ai explorées, je n'ai pu découvrir ni inscription, ni fragment de sculptures ou de colonnes; j'ai seulement remarqué un bloc de pierre sur lequel on aperçoit trois croix ainsi figurées :

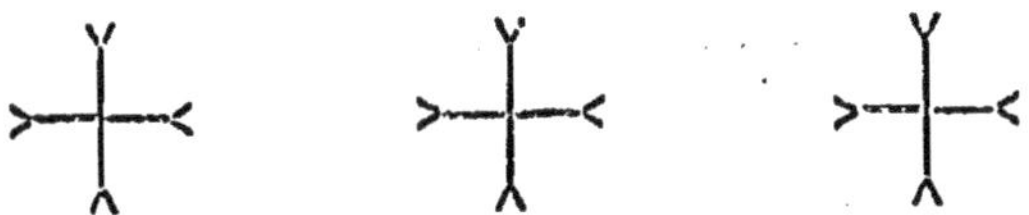

Je doute que ces ruines soient fort anciennes et je serais porté à croire que ce sont celles d'un couvent chrétien du moyen âge. A quelle époque a-t-il été détruit? Je l'ignore; peut-être par les Métualis lorsqu'ils se sont établis dans le pays. Malheureusement, ainsi que je l'ai dit, les habitants de la vallée n'ont aucune tradition à ce sujet. Près de ces anciennes constructions, sur le flanc de la montagne, coule la seule source que l'on rencontre dans le Wadi Brissa.

Après avoir dépassé les ruines, on arrive en une demi-heure de marche environ à l'endroit où se trouvent les deux inscriptions de Nabuchodonosor[1]. Elles sont gravées sur le rocher presque en face l'une de l'autre, à droite et à gauche du chemin qui occupe le fond de la vallée; celle de droite est écrite en caractères archaïques, celle de gauche en caractères cursifs. Chacune d'elles est accompagnée d'un bas-relief.

J'ai exploré avec le plus grand soin le haut du Wadi Brissa, mais je n'y ai trouvé que deux inscriptions latines d'Adrien, dans le genre de celles que l'on rencontre à chaque instant dans le Liban. On sait que le sens de ces inscriptions, dont tous les mots sont écrits en abrégé, est loin d'être certain et M. Renan suppose avec raison, je crois, qu'elles étaient destinées à rappeler que les arbres de certaines essences appartenaient à l'État et qu'il était interdit aux particuliers de les couper[2].

Un certain nombre d'inscriptions d'Adrien se trouvent, paraît-il, dans les environs du Wadi Brissa, mais je n'ai pas eu le temps de m'en assurer. J'en ai vu quelques-unes au delà de Mardj Haïn dans le Djourd.

1 M. Renan a soupçonné l'existence des inscriptions du Wadi Brissa. On lit dans la *Mission de Phénicie*, page 117, note 3: « Un tailleur de pierres me dit, à Machnaka, avoir vu à Bérisa, au-dessus de Hurmul, de grandes inscriptions et de grandes sculptures représentant des hommes et des femmes. Qu'est-ce que ce Bérisa? »

2. Voyez Renan : *Mission de Phénicie*, pages 258, 259 et suivantes.

DESCRIPTION

DES INSCRIPTIONS DU WADI BRISSA

Inscription en caractères archaïques. — L'inscription que l'on aperçoit à droite du chemin, en remontant la vallée, est écrite en caractères archaïques (voyez la planche I). Le sculpteur a d'abord entamé la surface de la pierre, de manière à creuser une sorte de niche carrée dont la paroi primitive du rocher forme le rebord. Ce rebord, très saillant au-dessus de la niche, l'est beaucoup moins à gauche ; à droite, on ne voit pas de rebord et il semble que de ce côté la surface du rocher n'a pas été creusée, mais simplement aplanie. La niche a 5 m. 50 environ de longueur et son rebord supérieur est à peu près à 3 mètres au-dessus du sol. Quant au rebord inférieur, s'il a jamais existé, il n'en reste plus trace ; la pierre a été creusée jusqu'à une grande profondeur par les chercheurs de trésors et le bas de l'inscription n'existe plus.

Au fond de la niche, du côté gauche, avait été sculpté un bas-relief aujourd'hui détruit ; la pierre a été brisée et les parties saillantes ont été presque partout enlevées. On peut néanmoins en distinguer les contours. En effet, le fond de la niche ayant été soigneusement aplani, la surface du rocher est inégale et a des aspérités assez apparentes dans les endroits où le bas-relief faisait saillie, tandis qu'elle est presque polie partout ailleurs. Le bas-relief représentait un homme debout, saisissant de son bras étendu un animal, probablement un lion, qui se dressait sur ses pattes de derrière et levait en l'air une de ses pattes de devant pour frapper son adversaire (voir la planche II).

Entre le corps de l'homme et le rebord de gauche se trouve un espace vide au-dessous duquel on avait gravé, à peu près à la hauteur des pieds du personnage, une invocation ou une prière à une déesse. Elle a presque complètement disparu et l'on ne peut en lire que quelques mots.

L'inscription avait neuf colonnes. La première est gravée à droite du personnage; les dix premières lignes se trouvent au-dessus du bras qui saisit l'animal, les lignes suivantes au-dessous de ce bras. La seconde colonne est placée au-dessus de la tête du lion. Les troisième, quatrième, cinquième, sixième, septième, huitième et neuvième colonnes se succèdent sans interruption à droite du bas-relief et remplissent le milieu et la partie droite de la niche. J'ai reproduit aux planches V, VI, VII et VIII les sept premières colonnes; les deux dernières sont en si mauvais état que l'on ne peut y lire que quelques mots et quelques caractères épars et j'ai dû renoncer à les publier. Ainsi que je l'ai déjà dit, le bas de l'inscription a complètement disparu et il n'est pas possible de savoir à quelle hauteur au-dessus du sol se trouvaient les dernières lignes.

Inscription en caractères cursifs. — L'inscription que l'on aperçoit à gauche du chemin, en remontant la vallée, est écrite en caractères cursifs et a dix colonnes (voir la planche III). Le sculpteur a creusé dans le rocher une niche carrée entourée de tous les côtés par un rebord très saillant. Cette niche a environ 3 m. 50 de longueur et 2 m. 80 de hauteur, du rebord supérieur au rebord inférieur; ce dernier est à 50 centimètres à peu près au-dessus du sol. La première colonne est gravée dans le fond de la niche, immédiatement après le rebord de gauche; elle est suivie des deuxième, troisième, quatrième et cinquième colonnes sans interruption. Entre la cinquième et la sixième colonne se trouve un espace vide où a été sculptée une partie du bas-relief. Malgré ses vastes dimensions, la niche ne s'est pas trouvée assez grande pour contenir le texte complet de l'inscription : la sixième colonne, qui est placée à droite du bas-relief, a été tracée en partie dans le fond de la niche, en partie sur le rebord de droite, et les colonnes suivantes ont toutes été gravées à droite de la niche sur la surface du rocher préalablement aplanie.

Le bas-relief représente, ou plutôt représentait, un homme tourné à gauche, debout devant un arbre dépourvu de feuilles; l'image du personnage a été sculptée dans l'espace vide qui se trouve entre la cinquième et la sixième colonne, l'arbre est placé au milieu de la cinquième colonne. Bien que moins mutilé que celui de l'inscription en caractères archaïques, le bas-relief de l'inscription en caractères cursifs est en fort mauvais état : les seules parties qui soient bien conservées sont le sommet de l'arbre et la tiare dont est coiffé le personnage[1] (voir la planche IV). J'ajouterai, pour terminer, qu'avant de graver l'inscription on avait appliqué sur la surface de la niche, à certains endroits, une couche d'une sorte de mastic ou de ciment blanc presque aussi dur que la pierre; il en résulte que certaines parties de l'inscription sont entièrement blanches, tandis que d'autres ont la couleur foncée du rocher.

L'inscription en caractères cursifs a un certain intérêt au point de vue paléographique, car elle nous fait connaître bien mieux que les textes sur brique la forme exacte des caractères babyloniens à l'époque de Nabuchodonosor. Elle a été beaucoup plus épargnée par le temps que l'inscription en caractères archaïques; malheureusement le Maughrébin dont j'ai raconté les exploits l'a en grande partie détruite. Le milieu du bas-relief et des colonnes qui occupent le fond de la niche, c'est-à-dire des six premières colonnes, a complètement disparu et la pierre a été creusée jusqu'à une profondeur de plusieurs centimètres. Par suite, il est impossible de compter le nombre total des lignes et j'ai dû numéroter séparément les lignes du haut et celles du bas des troisième, quatrième et sixième colonnes. Le bas des deux premières colonnes est complètement fruste; celui de la cinquième colonne a été tellement endommagé qu'on ne peut y lire que quelques mots et quelques caractères épars. La septième colonne, gravée en dehors de la niche, a été également entamée et plusieurs lignes sont en fort mauvais état. Quant aux huitième, neuvième et dixième colonnes, elles ont été épargnées par le Maughrébin, mais, beaucoup plus exposées à la pluie que les six premières, elles sont devenues en partie frustes; la dixième colonne est même presque complètement illisible. Les seules parties de l'inscription en caractères cursifs qu'il m'a été possible de publier sont donc :

Le haut de la première colonne;

Le haut de la deuxième colonne;

1. Cette tiare d'une forme très singulière diffère complètement de la tiare assyrienne. Elle est pointue, pourvue d'une sorte de couvre-nuque qui retombe sur le cou du personnage et ressemble énormément à la mitre fermée par le haut que portent aujourd'hui les évêques.

Le haut de la troisième colonne;
Le bas de la troisième colonne;
Le haut de la quatrième colonne;
Le bas de la quatrième colonne;
Le haut de la cinquième colonne;
Le haut de la sixième colonne;
Le bas de la sixième colonne;
La septième colonne;
La huitième colonne;
La neuvième colonne;
Quelques lignes de la dixième colonne (voyez les planches IX, X, XI, XII, XIII et XIV).

TRADUCTION ET ANALYSE

DES

INSCRIPTIONS DU WADI BRISSA

INSCRIPTION EN CARACTÈRES ARCHAÏQUES

INVOCATION GRAVÉE A GAUCHE DU BAS-RELIEF

TRADUCTION : A la déesse. . . . . qui agrandit . . . . qui habite le temple [cunéiforme][1], le temple . . . .

1. [cunéiforme] est l'idéogramme de [cunéiforme] *grand* (R., v. II, p. 13, l. 22) et [cunéiforme] se lisait probablement *bitou goulatou*. Ce temple était situé à Borsippa et consacré à la déesse [cunéiforme]; Nabuchodonosor le construisit, ainsi que deux autres temples de Borsippa dédiés à la même divinité (R., v. I, p. 55, col. IV, l. 52, 53, 54, 55, 56).

Les noms propres de temples sont ordinairement écrits idéographiquement et leur lecture étant presque toujours très douteuse, j'ai préféré ne pas les transcrire. On admet généralement que ces noms propres sont des noms accadiens. J'avoue franchement, au risque d'être conspué par tous les assyriologues, que je ne crois plus à l'existence de l'*accadien*. Il serait trop long d'indiquer les raisons pour lesquelles j'ai fini par adopter la plupart des opinions de M. Halévy ; je me contenterai de dire que le nombre des mots assyriens intentionnellement défigurés que l'on rencontre dans les textes réputés accadiens est tellement considérable et les formes grammaticales que l'on a cru y découvrir sont si singulières, que je ne peux pas admettre qu'une pareille langue ait jamais été parlée.

PREMIÈRE COLONNE

TRADUCTION : Nabuchodonosor, roi de Babylone, le pasteur fidèle qui obéit au dieu Mardouk, l'*ichakkou* suprême aimé du dieu Nabou, le prince illustre qui se préoccupe sans cesse des volontés de Mardouk, le dieu grand qui l'a créé, et de celles de Nabou, son fils fidèle qu'aime sa royale personne, celui qui connaît les sciences, qui se complaît dans l'adoration de leur divinité, celui dont les oreilles sont attentives à l'ordre de leur divinité, le savant, l'érudit (?) qui adore le dieu et la déesse sous leur vocable illustre, le docteur pieux, le restaurateur du temple Chakkil et du temple Zida (?), le fils illustre de Nabou-pal-oussour, roi de Babylone; moi! . . . .

. . . .

. . . .

DEUXIÈME COLONNE

TRADUCTION : Il a confié à ma main une massue (?) qui pacifie les hommes, il m'a ordonné de faire ses restaurations et moi je m'occupe sans repos ni trêve de Mardouk mon seigneur; je m'inquiète sans cesse des temples de Nabou le fils fidèle aimé de ma royauté; je pense en moi-même à ce qui leur est agréable. Pour l'adoration de leur divinité. . . .

. . . .

. . . .

TROISIÈME COLONNE

Le texte de la troisième colonne est tellement mutilé qu'il est impossible d'en donner une traduction complète. Il semble que le roi y parlait de sa piété envers les dieux, se vantait d'avoir parcouru des chemins difficiles, d'avoir traversé des déserts (lignes 13, 14, 15) et se glorifiait de sa grandeur et de sa puissance. A la ligne 24 commence un passage qui peut facilement être restitué et dont voici la traduction :

J'ai fait sortir chaque année et amoncelé le tribut des montagnes, les productions des mers, les produits des plaines, l'or, l'argent, les . . . . précieux, des pins énormes, des tributs considérables, des contributions nombreuses.

A partir de la ligne 34, le roi énumérait les travaux de restauration ou d'embellissement qui avaient été exécutés par son ordre dans le temple Chakkil.

QUATRIÈME COLONNE

Bien que la fin des huit premières lignes manque, leur sens n'est pourtant pas douteux; le roi parle d'un temple qu'il a agrandi et s'exprime en ces termes :

Il lui avait donné une hauteur de trente coudées et n'avait point élevé son sommet. Moi, pour le construire, je levai les mains [1], et de mes mains pures je coupai un pin de grande taille qui avait poussé dans le Liban, forêt . . . .

Aux lignes 9, 10, 11, 12, 13, 14, 15, il était question des portes d'un temple que le roi avait probablement restaurées ou reconstruites; la seule de ces portes dont le nom soit lisible s'appelait [illegible].

De la ligne 16 à la ligne 27, le texte est en si mauvais état que je ne saurais en indiquer le sens général.

A la ligne 28 commence l'énumération des mets de toute nature que le roi faisait servir, à une certaine fête, sur la table du dieu Mardouk et de la déesse Zarpanit; le texte est très mutilé et, comme des énumérations presque semblables se trouvent dans d'autres passages des inscriptions du Wadi Brissa, je ne crois pas nécessaire d'en donner ici la traduction. Nous remarquons, parmi les boissons offertes aux dieux, les vins de neuf pays différents; ces pays sont, à l'exception d'un seul, mentionnés dans un passage d'un cylindre de Nabuchodonosor où il est également question des vins qui étaient servis sur la table de Mardouk et de Zarpanit (R., v. I, p. 65, col. 1, l. 22, 23, 24, 25); voici leurs noms : Le pays d'Izal [2] ([illegible]), le pays de Touim [3] ([illegible], [illegible]), le pays de

1. Je suppose que le commencement de la ligne 4 doit être restitué ainsi : [illegible].

2. Le pays d'Izal était situé en Arménie, probablement à peu de distance des sources du Tigre. Achour-nassir-abal nous apprend qu'à la nouvelle d'une révolte, il réunit ses armées et se rendit à la source du fleuve Soubnat ; il ajoute qu'en ces jours il reçut le tribut du pays d'Izal ([illegible], [illegible]), qui consistait en bœufs, en moutons et en vins (R., v. I, p. 19, l. 105, 106). On sait que le fleuve Soubnat, qui se nomme aujourd'hui Sebbeneh-sou, est le premier affluent du Tigre, sur la rive gauche.

3. J'ignore où était situé le pays de Touim. Téglathphalasar II mentionne, sans indiquer sa position géographique, une ville de Touim ([illegible]) dans laquelle il établit des captifs (R., v. III, p. 9, n° 3, l. 48).

Simmin [1] ([cunéiforme]), le pays de Hilboun [2] ([cunéiforme]), le pays d'Arnabân ([cunéiforme]) ou, comme il est appelé dans le cylindre, le pays d'Aranabân [3] ([cunéiforme]), le pays de Soukh [4] ([cunéiforme]), le pays de Bit-Koubati [5] ([cunéiforme]), la ville de [cunéiforme] [6], et enfin le pays de Bitati [7] ([cunéiforme]).

1. J'ignore où était situé le pays de Simmin.

2. Ezéchiel mentionne le vin de ce pays qu'il appelle חֶלְבּוֹן et Strabon (livre XV) nous apprend qu'il était situé en Syrie.

3. La position géographique du pays d'Arnabân est inconnue.

4. Le pays de Soukh se trouvait dans la vallée de l'Euphrate, près de Rakkah et d'Anah, voyez : H. Pognon, l'*Inscription de Mérou-nérar Ier, roi d'Assyrie*, pages 74 et 96.

5. Dans sa seconde campagne, Sennachérib envahit le pays des Kaché et des Yassoubikallaï, traversa des montagnes, prit les villes de Bit-Kilamzakh, de Khardichpi ([cunéiforme]), de Bit-Koubati ([cunéiforme]), et s'empara d'un butin considérable; il fit descendre des montagnes les Kaché et les Yassoubikallaï qui s'étaient enfuis devant lui, les établit à Kardichpi et à Bit-Koubati et confia le gouvernement de ces deux villes au préfet d'Arrabkha (R., v. I, p. 37, l. 63 et suiv..)

Ainsi que je l'ai dit dans mon travail sur l'*Inscription de Mérou-nérar Ier* (page 73), la ville d'Arrabkha avait donné son nom à l'Arrapachitis. Il est donc probable que la ville et le pays de Bit-Koubati étaient situés à peu de distance à l'est de cette province, c'est-à-dire à l'ouest ou au sud du lac d'Ourmi. Le nom propre Bit-Koubati signifie « la maison d'un personnage appelé Koubat » ; c'est du moins ce qu'a cru Sennachérib, puisqu'il a orthographié ce nom [cunéiforme]. Il est possible que le pays de Bit-Koubati ait été habité par des populations de race sémitique.

6. Je ne sais où était située la ville dont le nom s'écrivait idéographiquement [cunéiforme] et je ne connais même pas la lecture de ce groupe. Cyrus remporta dans cette ville une victoire sur les armées de Nabou-naïd. (*Transactions of the Society of biblical archæology*, vol. VII, part. I, 1880, p. 164, ligne 12.)

Le vin de [cunéiforme] n'est pas cité dans le cylindre de Nabuchodonosor.

7. Le pays de Bitati n'est mentionné, à ma connaissance, dans aucun autre texte.

CINQUIÈME COLONNE

Les onze premières lignes sont illisibles. Il est question, aux lignes 12, 13, 14, 15, 16, 17 et 18, des cérémonies ( ) du dieu Mardouk ; malheureusement le texte est en si mauvais état qu'il est impossible de le traduire.

A la ligne 19 commence un long passage qui se retrouve mot pour mot au haut de la troisième colonne de l'inscription en caractères cursifs ; il est donc inutile d'en donner ici la traduction.

SIXIÈME COLONNE

La sixième colonne commence par l'énumération des titres du roi : *Nabuchodonosor, roi de Babylone, restaurateur du temple Chakkil et du temple Zida.* Malheureusement, depuis la ligne 3 jusqu'à la ligne 17 inclusivement, le texte, entrecoupé par de nombreuses lacunes, est à peu près incompréhensible. A la ligne 18, nous trouvons un passage relatif aux travaux que le roi fit exécuter dans le sanctuaire du dieu Nabou ; en voici la traduction :

. . . .

. . . . Je coupai de mes mains pures. Je les revêtis d'or rouge, les ornai de pierres, de. . . . . . . et les plaçai pour la toiture du temple [1], sanctuaire de Nabou *face d'eux trois*. Quant aux six bâtiments dépendances du sanctuaire de Nabou, j'ornai avec de l'argent brillant les pins de leur toiture. Je fis de puissants colosses en bronze, les revêtis de . . . . , les ornai de pierres, de . . . . et les dressai sur le seuil de la porte du sanctuaire. Je revêtis d'or rouge le seuil, les chambranles, le , le plancher (?), le , les battants, la porte du sanctuaire. Je construisis l'avenue du sanctuaire et le chemin du temple en briques recouvertes d'un vernis d'argent brillant ; je munis les battants en chêne et en pin d'une serrure (?) d'argent brillant et les plaçai à toutes les portes. Je fis l'autel (?) des chapelles et le linteau de la porte en argent brillant . . . .

. . . .

1. Le temple appelé était probablement fort ancien, car il est mentionné dans un fragment d'hymne trouvé dans la bibliothèque de Koyoundjik (R., v. IV, p. 29, n° 1, l. 24). Les travaux de restauration que Nabuchodonosor fit exécuter dans ce temple sont énumérés dans un cylindre publié dans le recueil de textes du British Museum (R., v. V, p. 34, col. II, l. 4, 5 et suiv.)

SEPTIÈME COLONNE

TRADUCTION : Je m'occupai d'établir plus qu'auparavant leurs grands . . . .
Le premier jour, j'ai offert sur la table de Nabou et de Nana, mes maîtres, un bœuf adulte, ... un veau (?), un mouton (?), des libations, offrande aux dieux de . . . . un [illegible], trois [illegible], vingt . . . . , des œufs (?) de [illegible], deux [illegible] rouges, un [illegible], du poisson de mer, des [illegible], des légumes frais (?) gloire des sillons (?), des fruits mûrs (?) production des champs, des dattes (?), des [illegible], de l'huile [illegible], du vin [illegible], du [illegible] pur, du beurre, du [illegible], du lait, du [illegible], de la graisse, de l'hydromel (?), du [illegible], du vin blanc (?), tout cela en plus grande quantité qu'on ne le faisait auparavant.

Je m'occupai du . . . . son vaisseau brillant, je . . . . , je revêtis d'or rouge le pavillon (?) de chêne (?) et les deux grands mâts de pin . . . .

A l'équinoxe (?) du commencement de l'année, à la fête de l'*akit* du maître des dieux Mardouk, Nabou, le fils puissant, se rend en grande pompe de Borsippa à Babylone dans la barque [1] du fleuve Asmou de beauté (?). J'ai bâti un

1. Nous connaissons trop peu la religion babylonienne pour pouvoir dire avec exactitude ce qu'étaient la « barque du fleuve Asmou » et la « barque [illegible] » dont il est question à la troisième colonne de l'inscription en caractères cursifs. Ces barques sacrées, sur lesquelles on promenait les statues des dieux à certaines fêtes, étaient certainement fort anciennes et il est probable qu'on en prenait le plus grand soin et qu'on les réparait sans cesse, comme on réparait le *Bucentaure* à Venise. Elles sont en effet toutes les deux citées dans une liste de barques sacrées provenant de la bibliothèque de Koyoundjik et, par conséquent, de beaucoup antérieure à Nabuchodonosor; ce document nous apprend que la « barque du fleuve Asmou » était consacrée à

[cunéiforme] plein de splendeur et j'ai rempli de splendeur le pavillon (?) d'émail et les deux mâts pour la marche de sa grandeur, afin d'exciter l'admiration. J'ai fait en grand pour le dieu Nabou mon maître, ce qu'aucun roi antérieur n'avait fait. Depuis l'endroit appelé « Ichtarit qui renverse ses ennemis » jusqu'à la « Porte brillante », l'avenue nommée « Ichtarit fée protectrice de ses hommes » le [cunéiforme] du grand maître Mardouk, depuis l'endroit appelé « Ikkipchounakar » jusqu'à l'entrée de Nabou du temple Chakkil, l'avenue nommée « Nabou juge de ses hommes » le [cunéiforme] . . . . un terre-plein élevé avec du bitume et. . . . .

INSCRIPTION EN CARACTÈRES CURSIFS

HAUT DE LA PREMIÈRE COLONNE

Le texte du haut de la première colonne de l'inscription en caractères cursifs était identique à celui de la première colonne de l'inscription en caractères archaïques. J'en ai donné la traduction à la page 8.

HAUT DE LA DEUXIÈME COLONNE

TRADUCTION : . . . . le temple Zida, du temple Chakkil, le sanctuaire de Nabou du [cunéiforme], dans l'intérieur duquel, à l'équinoxe (?) du commencement de l'année, Nabou le fils puissant se rend processionnellement pour la fête de l'*akit*, en partant de Borsippa, et où il se plaît. J'ai revêtu d'or rouge son . . . . , ses chambranles, son . . . . , son plancher, son . . . .

Nabou, et la « barque [cunéiforme] » à Mardouk (R., v. II, p. 62, n° 2, l. 41, 42).

Il est probable qu'un grand nombre de divinités possédaient également des barques sur lesquelles on promenait leurs statues ; chacune d'elles avait un nom particulier.

Le temple . . . . de Nabou le dieu aimé de ma royauté, j'ai fait briller son éclat.

A la ligne 13 commence un passage relatif à la reconstruction d'un temple, probablement le [1]; le texte est trop mutilé pour qu'on puisse en donner la traduction.

HAUT DE LA TROISIÈME COLONNE

TRADUCTION : Je recouvris d'émail (?) la surface de la barque [2], ... sa barque brillante, tant à l'avant qu'à l'arrière, ses ustensiles, ses . . . . , ses . . . . . . et ses colosses; je les ornai avec des pierres et du . Je la fis briller dans les flots de l'Euphrate comme les étoiles du ciel; pour exciter l'admiration des légions des hommes, je la remplis de beauté.

A l'équinoxe (?) du commencement de l'année, je plaçai sur elle Mardouk le seigneur des dieux et, à la fête des productions (?), à son *akit* suprême, je promenai ce dieu en grande pompe sur la barque . . . . Mardouk. . . . . les berges . . . . l'Arakht. . . . . le temple [3]. Pour l'entrée du grand maître des dieux, du seigneur des seigneurs, depuis l'embarcadère de

1. Le était une pyramide à étages () située à Babylone. Cet édifice, qui avait probablement été détruit sous le règne de Sennachérib, lors du sac de Babylone, fut reconstruit par Assarhaddon (R., v. I, p. 48, nº 9); Nabuchodonosor l'acheva et le suréleva (R., v. I, p. 51, nº 1, col. I, l. 23; v. I, p. 54, col. III, l. 15, 16, 17; v. I, p. 65, col. I, l. 39; v. V, p. 34, col. I, l. 53).

2. Voyez la note de la page 12.

3. C'était dans le temple que l'on célébrait la fête de l'*akit*. On lit, en effet, dans le grand cylindre de Nabuchodonosor : « Le temple de l'*akit* suprême du maître des dieux Mardouk, l'objet des cris de joie et des acclamations des Ighig et des Anounnak. » (R., v. I, p. 55, col. IV, l. 7, 8, 9.)

la barque [illegible], jusqu'au temple [illegible], la promenade du grand seigneur Mardouk . . . .
. . . .
. . . .

BAS DE LA TROISIÈME COLONNE

Le texte du bas de la troisième colonne est le même que celui de la sixième colonne de l'inscription en caractères archaïques, à partir de la ligne 18. J'en ai donné la traduction à la page 11.

HAUT DE LA QUATRIÈME COLONNE

TRADUCTION : Ce qu'aucun autre roi antérieur n'avait fait, je l'ai fait en grand pour Nabou mon seigneur. Avec des cris de joie et des acclamations, j'ai établi le dieu Nabou et la déesse Nana, mes maîtres, dans une demeure agréable à leur cœur.

A la ligne 7 commençait l'énumération des victimes et des aliments qui étaient offerts à une divinité. Le texte est trop mutilé pour qu'il soit possible de le traduire.

BAS DE LA QUATRIÈME COLONNE

Il ne reste que les premiers mots des dernières lignes de la quatrième colonne; il semble qu'il y était question de travaux accomplis par le roi.

HAUT DE LA CINQUIÈME COLONNE

TRADUCTION : Moi Nabuchodonosor, roi de Babylone, celui qui s'occupe des temples de Nabou et de Mardouk ses seigneurs, j'ai achevé l'*Imgour-Bel* et le *Nimit-Bel*, les grands remparts de Babylone, la cité du grand maître Mardouk, la ville de ses gloires. Ce qu'aucun roi antérieur n'avait fait, sur le seuil de la grande porte . . . .
des taureaux de bronze . . . .
. . . .
. . . .
. . . .

HAUT DE LA SIXIÈME COLONNE

TRADUCTION : Pour le dieu Chamache, le juge suprême du ciel et de la terre, qui place des commandements glorieux dans les oracles qu'il m'adresse, j'ai reconstruit le temple [cuneiform][1], son temple, qui est situé dans Babylone.

J'ai reconstruit dans Babylone le [cuneiform][2], temple de la déesse [cuneiform], situé sur la plate-forme (?) du rempart extérieur, pour la déesse [cuneiform], la dame illustre qui proclame mes œuvres pies.

Pour la déesse . . . . la maîtresse illustre qui habite le . . . . qui améliore ma chair et garde mon âme, j'ai revêtu d'or rouge un dais en bois de chêne (?), bois éternel, je l'ai orné avec des pierres et des [cuneiform] et l'ai dressé au-dessus d'elle. J'ai revêtu d'or jaune la table . . . . sur laquelle on place ses aliments, je l'ai ornée de pierres et de [cuneiform] et l'ai placée devant elle. J'ai disposé en cercle (?), devant les portes élevées, deux chiens d'or, deux chiens d'argent, deux chiens de bronze dont les membres sont énormes et de grande taille.

J'ai reconstruit en bitume et en briques les berges du fossé de « Tab-soubourchou » le rempart de Borsippa; j'ai entouré la ville d'une enceinte afin de la défendre.

Pour le dieu [cuneiform] qui brise l'arme de ceux qui se révoltent contre moi, j'ai reconstruit un temple dans Borsippa . . . .
. . . .

BAS DE LA SIXIÈME COLONNE

Les dernières lignes de la sixième colonne étaient relatives à des travaux que Nabuchodonosor avait fait exécuter à Babylone et dans les environs; le texte est malheureusement trop mutilé pour qu'il soit possible d'en indiquer le sens général. Aux lignes 13, 14 et 15 il est question de battants de porte que le roi avait recouverts de bronze et

1. La restauration de ce temple est également mentionnée dans le grand cylindre de Nabuchodonosor (R., v. I, p. 55, col. IV, l. 31.)

2. La restauration de ce temple est mentionnée dans deux autres textes de Nabuchodonosor (R., v. I, p. 55, col. IV, l. 46; R., v. V, p. 34, col. II, l. 9.)

placés aux portes[1] de Babylone; les lignes 16, 17, 18, 19, 20, 21, 22 et 23 étaient relatives à un mur en terre que Nabuchodonosor avait fait construire et à des travaux de fortification.

A la ligne 24 commence une phrase intéressante dont voici la traduction littérale :

Depuis la rive du Tigre jusqu'à la rive de l'Euphrate, j'ai fait faire une levée de terre de 4 (?) *kachbou qaqqar* de longueur. Des eaux abondantes comme la grandeur de la mer à 20 *kachbou qaqqar*. . . . . Pour que dans . . . . une jetée de terre . . . . j'ai construit son mur de soutien avec du bitume et de la brique. . . . .

On voit que Nabuchodonosor indiquait le nombre de *kachbou qaqqar* qu'il y avait entre le Tigre et l'Euphrate, et ce passage, s'il était intact, nous ferait connaître la longueur exacte de la mesure appelée *kachbou qaqqar* (kachbou de terre) : malheureusement le chiffre qui se trouve au commencement de la ligne 25 est presque effacé et très douteux.

SEPTIÈME COLONNE

TRADUCTION : Moi, Nabuchodonosor, roi de Babylone, le vicaire suprême, le restaurateur de la cité des grands dieux, je m'occupe des temples Chakkil et Zida; je m'inquiète sans cesse des lieux consacrés à Mardouk, le grand seigneur, mon créateur, et à Nabou, son fils puissant, le dieu aimé de ma royauté.

A leurs saintes fêtes, à leur grande *akit*, je passe devant eux avec de l'or, de l'argent, des pierres, ... , du . . . . brillant, production (?) des montagnes et de la plaine, avec les prémices (?) de toute chose pure (?), avec des bœufs adultes gras et superbes, des veaux (?), des moutons (?), des chèvres, des [cunéiforme], des [cunéiforme],

1. Le texte porte : [cunéiforme]. Le mot [cunéiforme] m'est inconnu; je suppose qu'on appelait ainsi les portes fortifiées des villes.

du poisson de mer, des oiseaux du ciel, des , des , des , des , des rouges, des , des légumes frais (?) gloire des sillons (?), des fruits mûrs (?) production des champs, des dattes, des , de l'huile (?) , du vin , du pur, du beurre, du , du lait, du , de la graisse, du de couleur foncée, produit de . . . . , ce que les plaines donnent de meilleur, du , du sans nombre, du vin en aussi grande quantité que de l'eau, tout cela chaque année, avec profusion et en abondance.

Nabuchodonosor, roi de Babylone, le pasteur fidèle qui s'occupe . . . .
. . . .

De la ligne 31 à la ligne 54 inclusivement, le texte est trop mutilé pour qu'il soit possible d'en indiquer le sens général. Il était relatif aux travaux que le roi avait fait exécuter dans le temple [1]. Voici la traduction des lignes 55, 56 et suivantes :

Afin de fortifier les défenses du temple , j'ai reconstruit comme anciennement la toiture du temple tout entier et de ses bâtiments situés devant le . J'ai construit, avec du bitume et des briques, la berge du fossé de Cutha ; afin de défendre la ville, je l'ai entourée d'une enceinte. Pour Chamache mon seigneur . . . .
. . . .

1. Ce temple, dont il est également question dans un autre texte de Nabuchodonosor, était probablement situé à Cutha; il était dédié à Nergal et au dieu Las. (R. v. I, p. 65, col. II, l. 37).

Dans les dernières lignes de la colonne, il était question de la reconstruction de plusieurs temples, entre autres du [1].

HUITIÈME COLONNE

La huitième colonne contenait le récit de la reconstruction de divers temples, notamment du et du [2].

1. Il existait en Babylonie deux temples appelés ; l'un était situé à Sippara, l'autre à Larsa.

Le premier, dédié à Chamache et à avait été construit plus de 3,700 ans avant notre ère par Naram-Sin, fils de Sargon. Il fut saccagé et en partie détruit par la peuplade des Souté à une époque qu'il est impossible de déterminer et le roi Simmachikhou y rétablit le culte; mais, sous Kachou-nadin-akhou ( ) le second successeur de ce prince, on cessa de nouveau d'y célébrer les cérémonies du culte jusqu'au règne de . Nabou-pal-iddin, le contemporain d'Achour-nassir-abal et de Salmanasar, fut un des bienfaiteurs de ce temple et lui fit des dons considérables (R., v. V, p. 60, et 61). Il était tombé en ruines sous le règne d'Achour-ban-abal qui le rebâtit (R., v. V, p. 62, n° 1, l. 16) et il dut être détruit peu de temps après, car Nabuchodonosor le reconstruisit également (R., v. I, p. 65, col. II, l. 40; R., v. V, p. 34, col. II, l. 28). Quarante-cinq ans plus tard, Nabou-naïd refit sa toiture qui était en mauvais état, le répara, l'embellit et découvrit le cylindre de Naram-Sin que Nabuchodonosor avait cherché en vain (R., v. V, p. 63, col. I, l. 25; R., v. V, p. 64, col. II, l. 48; R., v. V, p. 65, col. I, l. 16; R., v. I, p. 69, col. III, l. 27).

Le fondateur du de Larsa est inconnu. Ce temple était depuis longtemps tombé en ruines sous le règne de Pournapouriache qui le reconstruisit (R., v. I, p. 4, n° 13). Il fut rebâti par Nabuchodonosor (R., v. I, p. 51, n° 2, col. I, l. 11; R., v. I, p. 65, col. II, l. 42), et restauré par Nabou-naïd (R., v. I, p. 69, col. I, l. 55).

2. Ce nom propre s'écrivait indifféremment ou, en caractères ninivites, (R., v. IV, p. 9, l. 11), et

Dans les dernières lignes, il était question du palais que le roi avait bâti dans Babylone pour son usage personnel.

NEUVIÈME COLONNE

Le texte de la neuvième colonne est en fort mauvais état; c'est d'autant plus regrettable que cette colonne contenait le récit de faits qui ne sont racontés dans aucune autre inscription de Nabuchodonosor.

Au lieu d'énumérer les temples de Babylone qu'il avait restaurés ou de se glorifier en termes vagues de sa piété envers les dieux, ce prince

(on sait que la forme ninivite du caractère [illegible] est [illegible]). Il est évidemment composé de trois mots :

1° [illegible];

2° [illegible], aussi écrit [illegible] et [illegible];

3° [illegible] aussi écrit [illegible].

Le premier mot se lit *bitou* « maison, temple », et le troisième est certainement *gallou* « grand », puisque le caractère [illegible] peut se lire *gal* (R., v. V, p. 38, l. 53). Quant au second mot, sa lecture est douteuse : la variante [illegible] au lieu de [illegible], semble prouver que ces deux groupes ne sont pas des idéogrammes et doivent être lus *kichnou* ou *ghichnou*. D'autre part, l'idéogramme [illegible] pouvait se lire [illegible] *lumière* (R., v. V, p. 11, l. 37), et je serais, par suite, très porté à croire qu'il existait en assyrien un mot *kichnou* ou *ghichnou*, synonyme de [illegible]. Le nom propre qui nous occupe se serait donc lu *bit kichnou gallou* (la maison grande lumière) ou plus probablement *bit kichni galli* (la maison de la grande lumière), car les Assyriens n'indiquaient pas les désinences casuelles dans les mots qu'ils défiguraient intentionnellement pour en faire des idéogrammes. Je m'empresse d'ajouter que je n'ai trouvé nulle part le mot *ghichnou* ou *kichnou* et que la lecture que je propose est très douteuse.

Deux temples appelés *bit kichni galli* ont existé en Babylonie. Le premier, situé à Our et dédié à Sin, était extrêmement ancien et fut restauré par Nabuchodonosor (R., v. I, p. 8, n° 4, l. 4; R., v. I, p. 65, col. ii, l. 44; R., v. V, p. 34, col. ii, l. 35). Nabou-naïd construisit dans l'enceinte de ce temple deux sanctuaires portant chacun un nom différent, et reconstruisit sa pyramide à étages qui était tombée en ruines (R., v. I, p. 68, n° 6; R., v. I, p. 68, n° 1, col. i, l. 6.)

Le second, situé à Babylone et dédié également à Sin, semble avoir été bâti par Nabuchodonosor (R., v. I, p. 55, col iv, l. 27).

aussi dévot qu'ennuyeux donnait, contrairement à son habitude, quelques renseignements sur une de ses campagnes et sur des travaux exécutés dans le Liban. Voici, du reste, la traduction littérale de ce passage :

Ligne 22 : qu'un rebelle étranger. . . . .
Ligne 23 : il s'était emparé . . . .
Ligne 24 : ses hommes s'étaient envolés et. . . . .
Ligne 25 : par la puissance de Nabou et de Mardouk. . . .
Ligne 26 : vers le Liban, vers. . . . .
Ligne 27 : ils combattirent (?) (ou : je combattis) (?). . . .
Ligne 28 : ses (?)[1] ennemis en haut et en bas.
Ligne 29 : je dispersai et dans le pays (?). . . . .
Ligne 30 : ses hommes dispersés . . . .
Ligne 31 : je rétablis à leur place.
Ligne 32 : Ce qu'aucun autre roi antérieur n'avait fait,
Ligne 33 : je coupai des montagnes élevées, et
Ligne 34 : je. . . . . les pierres des montagnes et
Ligne 35 : j'ouvris des chemins
Ligne 36 : je traçai une route pour les pins (littéralement : la route des pins)
Ligne 37 : en présence du roi Mardouk
Ligne 38 : des pins solides, élevés, gros,
Ligne 39 : dont la valeur est précieuse
Ligne 40 : dont le poids (?) est considérable. . . . .
Ligne 41 : production du Liban. . . . .
Ligne 42 : comme des [illegible] . . . .
Ligne 43 : le fleuve. . . . .
Ligne 44 : dans. . . . .
Ligne 45 : . . . .
Ligne 46 : des hommes dans le Liban . . . .
Ligne 47 : j'établis tranquillement . . . .
Ligne 48 : l'adversaire ne. . . . .
Ligne 49 : pour que quelqu'un ne . . . .
Ligne 50 : l'image de ma royauté. . . . .

Il est impossible de déterminer avec exactitude ce que Nabuchodonosor a voulu dire. Je crois qu'il parlait d'abord d'une expédition

1. Il semble que le texte porte [illegible], mais le dernier caractère est en partie effacé et très douteux.

qu'il avait faite dans le Liban : à la suite d'une révolte ou d'une invasion étrangère, les habitants du Liban s'étaient dispersés; le roi y était venu avec une armée, avait anéanti les ennemis et ramené dans leur pays les anciens habitants qui s'étaient enfuis. Il avait ensuite tracé des chemins à travers les montagnes pour pouvoir faire descendre dans la plaine et expédier à Babylone les arbres qu'il avait fait couper; la contrée avait été complètement pacifiée et la prospérité y était revenue. Enfin, dans les dernières lignes de la colonne et dans les premières lignes de la dixième colonne, le roi racontait qu'il avait fait sculpter son image.

DIXIÈME COLONNE

La dixième colonne est trop mutilée pour que l'on puisse en donner même une analyse. Elle se terminait par une prière analogue à celles que l'on trouve à la fin de presque tous les textes de Nabuchodonosor. Le roi souhaitait, entre autres choses, de se rassasier de gloire (ligne 35), et que sa postérité gouvernât à jamais l'humanité (lignes 39, 40).

Commentaire philologique.

Inscription en caractères archaïques.

Première colonne.

Lignes 1, 2, 3, 4, 5, 6, 7, 8, 9, 10, 11, 12, 13. Nabuchodonosor roi de Babylone, le pasteur fidèle, qui obéit à Mardouk, l'ichakkou suprême aimé de Nabou, le prince illustre qui se préoccupe continuellement des volontés de Mardouk, le seigneur grand, le dieu son créateur, et de Nabou le fils fidèle aimé de sa royauté, celui qui connait les sciences, qui se complait dans l'adoration de leur divinité.

Le mot [cuneiform] vient d'un thème partiellement redoublé de la racine אלכ et signifie, ainsi que l'a reconnu Guyard, "allée, marche" et par extension "faits et gestes, exploit, manière d'agir" et probablement aussi "volonté, ordre".[1]

---

[1] Guyard attribuait également à ce mot le sens de "rites" qui ne me parait nullement certain, voyez "Notes de lexicographie "assyrienne suivies d'une étude sur les inscriptions de Van par Mr. "Stanislas Guyard" page 104.

A la ligne 11, après le caractère [cunéiforme], on aperçoit très légèrement gravés trois clous qui paraissent, au premier abord, être les restes d'une lettre effacée ; la surface de la pierre étant presque polie, je ne crois pas pourtant pas qu'il y ait de lacune après le mot [cunéiforme] et les clous que l'on aperçoit ont probablement été gravés par erreur.

Le mot [cunéiforme] m'est inconnu, mais on lit dans une liste de dieux (R., v. V. p. 43 l. 34, 35) :

[cunéiforme]

[cunéiforme]

Ce passage semble prouver qu'il existait un mot [cunéiforme] qui était synonyme de [cunéiforme] "savant". Je suppose que le pluriel [cunéiforme] vient de la même racine et je le traduis par "sciences".

Les lignes 12 et 13 doivent sans doute être restituées de la manière suivante : [cunéiforme] [cunéiforme]. Le caractère [cunéiforme] est, du reste, lisible à la ligne 12 de la première colonne de l'inscription en caractères cursifs.

Lignes 14, 15, 16, 17, 18, 19, 20, 21, 22 dont les oreilles sont attentives aux ordres de leur divinité, le savant, l'érudit ?, qui, pour leur nom illustre, adore le dieu et la déesse, le docteur pieux, le restaurateur du temple Chakkil et du temple Zida, le fils illustre de Nabou-pal oussour roi de Babylone, moi.

signifie peut-être "savant, sage"[1]; on pourrait aussi le faire dériver de la même racine que le verbe et le rendre par "actif". Ce mot se prononçait en effet avec un P, car il est souvent écrit , par exemple dans la phrase suivante: "le roi sage (ou actif) qui restaure les temples, qui établit le culte."[2] (R. v V p. 65, col I, l. 4).

---

(1) Voyez: "Keilinschrifttexte Sargon's Königs von Assyrien von Dr D. G. Lyon" page 65.

(2) doit être lu "satoukkou" et signifie "culte" et aussi, comme collectif, "rites, cérémonies du culte". Je citerai les exemples suivants: "celui qui restaure les temples de toutes les "cités, qui y place les objets nécessaires (ou peut des trésors) et qui "rétablit leur culte interrompu" (R. v V p. 62 n°1, l. 6, 7) "il a rétabli le culte du temple Chakkil et les

J'avoue que je ne suis pas en mesure d'indiquer le sens précis des lignes 17 et 18 dont tous les mots sont pourtant connus ; on lit une phrase presque semblable dans la grande inscription de Nabuchodonosor : le roi dit, en

---

"dieux de Babylone" (R v V p. 62 n° 1 l. 10). Dans un cylindre inédit du British Museum, Nabuchodonosor, après avoir mentionné la reconstruction d'un temple, ajoute :

"j'ai établi son culte" et Achour-ban-anal dit en parlant des des dieux de Babylone

"je rétablis et "instituai en paix, comme dans les anciens jours, leur culte qui avait cessé" (R v. V p. 4 l. 90, 91). Ce mot s'écrivait souvent idéographiquement Exemple :

"je leur imposai (littéralement j'établis sur eux) les rites, les cérémonies, les statues ? d'Achour, de Bel et des dieux de l'Assyrie" (R v V p. 4 l. 106, 107). Le caractère avait entre autres valeurs, la valeur sa (R v II p. 4 n° 619) et une glose d'une tablette lexicographique nous apprend que

parlant à la première personne, [cuneiform] "pour la mention de leur grand "nom, j'adore le dieu et la déesse" (R v I p. 53 col I l. 49, 50). Peut-être faut-il traduire, en donnant à [cuneiform] le sens de "selon", "j'adore le dieu et la déesse selon la mention "de leur grand nom", c'est-à-dire en leur donnant les noms et les titres qu'il convient de leur donner.

La forme ninivite cursive du caractère [cuneiform] est [cuneiform] (kab.)

L'idéogramme [cuneiform] se lisait: [cuneiform]. Le nom propre "Ichtar-sakipat-tébichou" est, en effet, écrit [cuneiform] à la septième colonne de notre inscription, tandis que dans le grand cylindre de Nabuchodonosor il est orthographié [cuneiform] etc: or, ainsi que je le dirai plus loin, le groupe [cuneiform] doit être lu "Ichtar". J'ignore, du reste, quelle était la valeur phonétique du caractère [cuneiform] dont la forme cursive paraît avoir été identique à celle de la lettre [cuneiform] (ri) car le nom propre Ichtar est parfois

---

pouvait se lire "douk" (R v II p. 7 l 33), notre idéogramme est donc tout simplement un mot assyrien intentionnellement défiguré.

écrit [cuneiform] [cuneiform] (R v. II p. 66, l. 6).

J'ai parlé dans mon travail sur l'inscription de Bavian[1] du verbe [cuneiform] qui signifie "être dévot, adresser une prière"; mais j'en ai fait à tort un aphel, [cuneiform] est l'iphtéal d'un verbe ayant un 𐤏 comme première radicale, ainsi que le prouve le substantif [cuneiform] [cuneiform] "la prière" qui vient de la même racine. Quant à [cuneiform], que nous trouvons à la ligne 19, on pourrait y voir un participe de l'iltaphal, mais je croirais plutôt que c'est une forme corrompue pour [cuneiform]

Deuxième colonne.

Lignes 1, 2. Il a fait prendre à ma main une massue? qui tranquillise les hommes.

Une phrase à peu-près semblable se trouve dans un texte inédit de Nabuchodonosor gravé sur trois cylindres de terre cuite appartenant au British Museum; on y lit: [cuneiform] [cuneiform] [cuneiform] [cuneiform]

---

(1) Voyez: "L'Inscription de Bavian texte, traduction et "commentaire philologique avec trois appendices et un glossaire par "H. Pognon" page 67.

(1)

"Nabou le fils puissant a fait "prendre à sa main une massue qui pacifie les hommes."

désigne certainement une arme que je ne saurais déterminer; je traduis conjecturalement ce mot par "massue".

---

(1) Le signe ou (en assyrien) se lit habituellement "sik". Il avait aussi la valeur "chê" ou la valeur "chim" car le mot "les hommes" est souvent écrit dans les textes babyloniens, on trouve par exemple dans Nabou-naïd: "pasteur d'hommes nombreux" (R v V p. 65 col I l. 5) et dans un texte de Khammourabi publié par Mr. Ménant (Recueil de travaux relatifs à la philologie et à l'archéologie égyptiennes et assyriennes Tome II page 76): "ils lui ont donné à gouverner le pays et les hommes." Le caractère que Mr. Ménant n'a pas su lire, est une forme archaïque de et la phrase doit être lue: Mata ou niché ana bélim iddinouchou.

Lignes 3, 4, 5, 6, 7, 8, 9, 10. Il m'a ordonné de faire sa restauration. Moi je pense continuellement et sans cesse à Mardouk mon seigneur, je m'occupe continuellement des temples de Nabou le fils illustre aimé de ma royauté. Je pense en moi-même à ce qui leur est agréable.

La fin de la ligne 5 contenait les mots [cuneiform] "je ne cesse pas".

L'avant dernier caractère de la ligne 10 en partie effacé est probablement [cuneiform]; [cuneiform] ne peut-être que la première personne du second aoriste du verbe [cuneiform] "il a dit, il a prononcé, il a parlé, il a juré". Quant à [cuneiform], on le rencontre dans la phrase de Nabuchodonosor [cuneiform] (R v I p. 66. l. 4); c'est certainement l'accusatif d'un substantif employé comme adverbe et l'on doit probablement le rendre par "mentalement, en pensée"(1). Je traduis donc les lignes 9 et 10 "je parle mentalement de ce qui leur est agréable", c'est-à-dire "je pense à ce qui leur est agréable". Quant à la phrase

---

(1) [cuneiform] est peut-être, comme le supposait Guyard, une forme corrompue pour [cuneiform] "la tête" (Guyard notes de lexicographie assyrienne page 110)

[cuneiform]

elle signifie probablement "je m'occupe continuellement "en moi-même".

Troisième colonne.

Le premier mot de la ligne 13 était [cuneiform] "la route".

Le premier mot de la ligne 14 était probablement [cuneiform]

Les lignes 22 et 23 doivent peut-être être restituées de la manière suivante: [cuneiform] "recevoir mon invocation, (littéralement l'élévation de "mes mains) entendre ma prière."

Le passage suivant du grand cylindre de Nabuchodonosor nous permet de restituer avec certitude le texte des lignes 29, 30 et 31: [cuneiform](1)

(1) [cuneiform] parait être synonyme de [cuneiform] (belton) "apport, tribut" et Mr. Flemming qui le traduit par "Gabe" le fait dériver du thème ب د و (Flemming die grosse steinplatteninschrift Nebukadnezars II page 33) mais il semble que ce mot se prononçait "ipti" et non "ibti": on le

« j'ai fait entrer devant lui « dans Babylone, ma ville, les produits des montagnes, « les productions des mers, contribution nombreuse, tribut « considérable » (R v I p. 53 et 54 col. II l. 34 et suiv.).

On voit que cette phrase se retrouve, avec quelques variantes, aux lignes 24, 25, 26, 27, 28, 29, 30 et 31 de notre inscription dont voici la transcription en caractères cursifs: [1]

---

trouve en effet écrit à l'état construit dans la phrase suivante: « le tribut des quatre « régions, le produit des mers, les productions des montagnes et des « plaines » (R v V p. 63 col. II l. 46, 47, 48).

[1] Le troisième caractère de la ligne 31 est très effacé, il

"le tribut des montagnes, les "produits des mers, les productions des plaines, de l'or, de l'ar-"gent, de la pierre ...... précieux, des pins énormes, tribut "immense, contribution considérable".

signifie "grand, considérable" et probablement aussi "nombreux"; de la même racine dérive le verbe qui a le sens de "croître, pousser" (1) et, au pael, celui de "faire pousser, produire, "multiplier", on trouve par exemple dans Sargon: "Ichtar qui multiplie ses hommes." (R v I p. 36 l. 59).

La ligne 32 doit peut-être être restituée ainsi: "je "fais sortir et j'amoncelle".

avait à peu près la forme d'un losange et devait être , ou . Je lis le premier mot de cette ligne . On sait que la lettre pouvait se lire "sa" (R. v. II p. 4 n° 619) et je suppose que le groupe était un idéogramme se lisant

(1) Voyez : Guyard notes de lexicographie assyrienne page 67.

Quatrième colonne.

La quatrième colonne se termine par une longue phrase relative aux offrandes que l'on plaçait sur la table de Mardouk et de Zarpanit ; les lignes 55, 56 et 57 doivent être restituées ainsi : "je plaçai en plus grande "quantité qu'auparavant sur la table de Mardouk et "de Zarpanit mes maîtres."

Le pael signifie "placer, poser, établir" (au propre et au figuré) ainsi que le prouve la phrase suivante : etc "je plaçai le seuil, les chambranles" etc (R v V p. 65 col II l. 13.) Ce verbe s'employait avec deux accusatifs et il n'y avait pas de préposition, à la ligne 55, avant ; on trouve par exemple etc "je plaçai de la graisse sur la table de Nabou" etc (R v I p. 65 col. II l. 33, 34, 35) (1)

(1) Ainsi que l'a reconnu M. Latrille, l'idéogramme

"il plaça son offrande pure dans le temple Chakkil" (Transactions of Society of biblical archaeology vol. VII part. I 1880 pages 105 et 106 ligne 6.) vient probablement du même thème que "abondant" et devait avoir aussi le sens de "multiplier, "rendre abondant".

---

se lisait (Zeitschrift für Assyriologie, Januar 1886 p. 36). Le mot désignait certainement une sorte d'offrande distincte du sacrifice et que l'on plaçait devant la statue des dieux, mais je ne saurais dire en quoi elle consistait. Nous trouvons dans un fragment de calendrier (R v. IV p. 33 col. III l. 16, 17) :

"le roi placera son offrande pour Chamache et Méron, il "fera des sacrifices, sa prière sera reçue par le dieu." Dans cette phrase, les lettres doivent être lues "nich gatéchou illi ili makher". Il est possible qu'on ait appelé une offrande de fruits, de légumes ou de végétaux qu'on plaçait devant la statue du dieu pendant qu'on sacrifiait des victimes.

Sixième colonne.

Lignes 19, 20, 21, 22, 23, 24, 25, 26, 27. Je les revêtis d'or rouge, je les ornai de pierres, de et les disposai pour la toiture du temple sanctuaire de Nabou "face d'eux trois" Quant aux six temples dépendances du sanctuaire de Nabou, j'ornai les pins de leur toiture avec de l'or jaune.

Le premier mot de la ligne 19 était certainement .

L'adjectif signifie probablement "sombre, de couleur foncée" ou peut être "gris"[1]. On sait qu'il est souvent question dans les textes assyriens du et du , le était peut-être, comme l'a supposé Guyard, de l'or de couleur foncé obtenu au moyen d'un alliage, mais je croirais plutôt qu'on désignait de la sorte "l'or rouge" et qu'on appelait "l'or jaune".

Le premier mot de la ligne 20 était .

est une forme vulgaire

---

[1] Voyez : Guyard Notes de lexicographie assyrienne page 78.

pour (voyez le commentaire de la troisième colonne de l'inscription en caractères cursifs.)

A la ligne 23 Nabuchodonosor donne au dieu Nabou l'épithète de qu'il est impossible de traduire autrement que par "face d'eux "trois". Ce titre est si singulier qu'on serait tenté, au premier abord, de croire à une erreur du graveur, d'autant plus que les caractères et se touchent et paraissent ne former qu'une seule lettre, mais on trouve dans un autre texte de Nabuchodonosor:

"R v V p. 34 col. II l. 4, 5.) On voit que ce titre ressemble fort à celui de "face de Baal" que les Carthaginois donnaient si souvent à la déesse Tanit et sur lequel on a tant discuté. Je ne doute pas, pour ma part, que le mot "eux trois" n'ait désigné trois divinités connues des Assyriens, mais je ne saurais dire quelles étaient ces divinités.

parait bien vouloir dire "dépendances" et doit être lu "dalbanâté"; ce mot est écrit dans le grand cylindre de Nabuchodonosor (R. v I p. 54 col. III l. 52).

Lignes 28, 29, 30, 31, 32, 33, 34, 35, 36, 37, 38, 39,

40, 41, 42, 43, 44. A la ligne 28 commence un passage qui est reproduit, avec quelques variantes, au bas de la troisième colonne de l'inscription en caractères cursifs (lignes 2, 3 et suivantes); la comparaison des deux textes permet de restituer ce passage de la manière suivante :

l. 28

l. 29 (1)

l. 30 . . . .

l. 31

l. 32

l. 33

l. 34

l. 35

l. 36

l. 37

l. 38

l. 39

l. 40

l. 41

---

(1) est remplacé par dans l'inscription en caractères cursifs (ligne 2).

[cuneiform] l.42 [cuneiform]

l.43 [cuneiform]

l.44 [cuneiform]

[cuneiform] (1) « j'ai construit des taureaux puissants « faits en bronze et je les ai revêtus de...... je les ai ornés « de pierres, de...... et les ai dressés sur les dégrés de la « porte du sanctuaire. J'ai revêtu d'or rouge le seuil, les « chambranles, le [cuneiform], le plancher, le « [cuneiform], les battants de la porte du « sanctuaire; j'ai construit avec de la brique d'argent bril « lant l'avenue du sanctuaire et la route du temple; j'ai « muni d'une serrure? d'argent brillant des battants en « chêne? et en pin et les ai placés à toutes les portes. J'ai « construit l'autel? des chapelles et le linteau du temple « en argent brillant. »

L'adjectif [cuneiform] signifie « grand, puissant » et Achour-nassir-abal qualifie les rois de [cuneiform] (L. p. 1 l. 14) j'ignore si ce mot doit être lu par un G, un K ou un Ḳ

Ainsi que l'a reconnu Mr Delitzsch (2) [cuneiform] signifie « seuil »; il désigne aussi l'espace qui se trouve

---

(1) [cuneiform] est remplacé par [cuneiform] dans l'inscription en caractères cursifs (ligne 15).

(2) Assyrische Thiernamen page 46.

devant le seuil et peut-être les degrés plus ou moins larges placés devant la porte ; en effet, à la ligne 32, [cuneiform] paraît être au pluriel et, comme il n'est question que d'une seule porte, je crois qu'il faut le rendre par "degrés"(1). Au lieu de [cuneiform], le texte de l'inscription en caractères cursifs portait très probablement [cuneiform] (ligne 5) ; de même, le mot [cuneiform], qui commence la ligne 33, est remplacé dans l'inscription en caractères cursifs (ligne 6) par [cuneiform]. Le groupe [cuneiform] était donc un idéogramme se lisant [cuneiform] On le trouve dans la phrase de Nabuchodonosor : [cuneiform] etc [cuneiform] "je dressai des taureaux" etc "sur le seuil des portes" (R v I p. 65 col. I l. 44) ; un

---

(1) Il existait également un mot [cuneiform] qui désignait probablement une sorte de fortification : Salmanasar dit d'une ville qu'il annexa à l'Assyrie et dans laquelle il construisit un palais : [cuneiform] "je construisis sa muraille" ? (L. p. 94 l. 131). Ce même mot est écrit : [cuneiform] dans un passage de Nergal-char-oussour où il paraît devoir être traduit par "rempart" ou "mur d'enceinte." (R v I p. 67 col II l. 19).

texte religieux dans lequel [cunéiforme] est rendu par [cunéiforme] (seppi) ne laisse, du reste, aucun doute sur la lecture de cet idéogramme (R v. IV p. 21 n° 1 l. 32, 35).

L'idéogramme [cunéiforme] ou [cunéiforme] se lisait [cunéiforme](1); ce mot, qui était phonétiquement écrit à la ligne 6 du bas de la troisième colonne de l'inscription en caractères cursifs, où la lettre [cunéiforme] est encore lisible, ne peut pas signifier autre chose que "chambranle", ainsi que le prouve la phrase suivante : [cunéiforme] : "je fis faire des chédou élevés et je

---

(1) On sait que l'on trouve dans les textes assyriens, et même dans les documents que la plupart des assyriologues regardent comme écrits dans une langue non sémitique qu'ils nomment "accadien" ou "sumérien", un nombre considérable d'idéogrammes qui sont simplement des mots assyriens légèrement défigurés ou écrits avec des signes rares, mais toujours sans désinence casuelle et sans la terminaison du pluriel. La lettre [cunéiforme] pouvant se lire "gar", [cunéiforme] est manifestement le mot [cunéiforme] intentionnellement défiguré; de même [cunéiforme] n'est pas autre chose que le mot [cunéiforme] écrit sans désinence casuelle. On peut lire sur ces idéogrammes un intéressant article de Guyard publié dans la Revue de l'histoire des religions, tome V n° 2, 1882 page 253.

"les dressai à droite et à gauche près de leurs chambran"les" littéralement" je leur fis prendre leurs chambranles "à droite et à gauche" (R v I p. 42 l. 52, 53, 54).

, écrit dans l'inscription en caractères cursifs (ligne 6) et dans un passage du grand cylindre de Nabuchodonosor (R v I p. 54 col. III l. 49), se lisait certainement "tallou" ou "dallou". J'ignore le sens de ce mot qui était phonétiquement écrit à la ligne 9 de la seconde colonne de l'inscription en caractères cursifs; malheureusement, dans ce dernier passage, on ne peut lire que les deux derniers caractères .

La ligne 33 se terminait par ou idéogramme se lisant (R v. IV p. 9 l. 22, 23). J'ignore si se prononçait avec un Z, un S, ou un ℭ. Ce mot signifiait très probablement "plancher", ainsi que le prouve le passage suivant: "je disposai de "grands pins pour la fabrication? (1) de son plancher et

(1) Je suppose que signifie "établissement, construction, fabrication" et vient de la même racine

de sa toiture". (R v. I p. 67 col. II l. 29,30). Nous trouvons la forme adverbiale dans la phrase de Nabuchodonosor: que je traduis "je rendis la maison aussi solide qu'un plancher". R v I p. 54 col. III l. 62).

Le premier mot de la ligne 34 est douteux : la première lettre est certainement , la seconde ne peut être que , ou , puis vient une lacune qui doit contenir une lettre et qui est suivie de . Le mot est très probablement (1) kanakkou) que l'on trouve dans un passage du grand cylindre de Nabuchodonosor (R v I p. 54 col. III l. 50) et qui désigne une partie de la porte que je ne saurais déterminer.[2]

---

que le verbe dont je parlerai plus loin.

(1) peut être considéré comme un mot phonétiquement écrit, puisque le signe se lisait "ka", ou comme un idéogramme suivi d'un complément phonétique : dans un texte religieux le groupe est rendu par (R v. IV p. 16 n° 1 l. 58,59). L'origine assyrienne d'un pareil idéogramme peut-elle être contestée?

(2) Un passage de Nabou-naïd nous apprend que le "kanakkou" était en bois (R v V p. 65 col. II l. 6) et je suppose, mais sans pouvoir le prouver, que l'on appelait ainsi le pilier de bois placé

[cuneiform] et [cuneiform] désignent respectivement, dans notre passage, une sorte de chemin, de chaussée ou d'avenue, mais il m'est impossible d'indiquer la nuance du sens de chacun de ces deux mots.

Je crois que l'arbre appelé [cuneiform] était le "chêne". Sennachérib donne à des arbres de cette espèce l'épithète de "grands" (R v. I p. 37 l. 54) et on trouve dans Nabon-naïd [cuneiform] [cuneiform] "du chêne bois éternel". (R v. V p. 65 col. II l. 4). On sait que le bois de chêne est un des bois les plus incorruptibles. Je reconnais, néanmoins, que cette phrase ne suffit pas à prouver que le [cuneiform] est bien le chêne, mais ce qui est absolument certain, c'est que ce n'est pas le palmier, comme on l'admet généralement. Il est, en effet, question dans notre passage de battants de portes en [cuneiform] et en pin et Sargon parle de battants en cyprès et en [cuneiform][1]; or, tous ceux qui ont habité l'Orient savent que le bois de palmier

---

au milieu de la porte contre lequel les deux battants s'appuyaient lorsqu'ils étaient fermés.

(1) Lyon "Keilinschrifttexte Sargon's page 16 ligne 65.

est un très mauvais bois qu'on ne peut guère utiliser. On en fait des poutres et des pillers mais il est très difficile de l'équarrir et d'en faire des planches et l'idée de fabriquer des battants de porte avec un bois aussi détestable que le bois de palmier n'est certainement jamais venue à un roi d'Assyrie ou de Babylone. J'ajouterai que le palmier était peut-être appelé … et … en assyrien. Nabuchodonosor parle, dans un de ses textes, de la reconstruction d'un temple appelé … qui était situé dans la ville de Bas (…) et dédiée à une divinité nommée … c'est-à-dire "le dieu roi du …"(1) (R v. V p. 34 col. II l. 29). Une tablette lexicographique nous apprend que … se lisait … (R. v. V p. 26, n° 2. l. 19); le … était donc un arbre et ce mot s'écrivait idéographiquement … . Or, il est peu probable qu'un dieu à qui on donnait le titre de "roi

---

(1) Dans un autre texte, Nabuchodonosor dit que le temple … était dédié à … c'est-à-dire "au dieu seigneur des … (R v. I p. 65 col. II l. 48).

des [cuneiform] [1] ait été adoré dans une localité où l'arbre ainsi appelé ne poussait pas ; il faut donc admettre que cet arbre croissait dans les environs de la ville de Bas. Cette ville était probablement située près de Babylone, car le déterminatif suffixe [cuneiform] s'ajoutait surtout aux noms de villes de la Babylonie et il ne semble pas que Nabuchodonosor ait jamais restauré les temples des cités situées loin de sa capitale. Il me paraît donc sinon certain, du moins probable, que le [cuneiform] poussait en Babylonie et l'on sait que le palmier est à peu près le seul arbre que l'on rencontre aujourd'hui dans cette région ; du reste, ce mot se trouve en éthiopien sous la forme ጸበርት፡ : "palmier, branche de palmier".

[cuneiform] (en assyrien [cuneiform]) est l'idéogramme du mot [cuneiform] que l'on traduit généralement, je ne sais pourquoi, par "cèdre" ; [cuneiform] existe en hébreu sous la forme אֹרֶן, mot qui est rendu par "pin" aussi bien dans la version des Septante que dans la Vulgate. Je serais, du reste, très porté à croire que le cèdre était appelé

---

(1) Dans une liste de divinités [cuneiform] "le dieu Palmier" (?) est expliqué par [cuneiform] "le dieu seigneur des palmiers" (?) (R. v. II p. 54 n° 5 l. 72).

en assyrien : on lit, en effet, dans Nabounaïd : . (R v. V p. 65 col. II l. 5). Il n'y a pas en Orient de forêts qui exhalent une odeur résineuse plus forte et plus agréable que les forêts de cèdres et je traduis cette phrase : "je rendis son odeur "agréable comme celle d'une forêt de cèdres".

Le sens de m'est inconnu ; je suppose que ce mot vient d'un thème أخذ et désigne, comme le syriaque ܐܘܚܕܐ, une espèce de verrou ou de serrure. On le trouve dans un passage du grand cylindre où il peut être traduit également par "serrure" (R v I p. 58 col. IX l. 12). Si cette hypothèse est exacte, doit vouloir dire "fermer" ou "munir d'une serrure", est probablement une corruption de la forme pael que nous trouvons dans l'inscription en caractères cursifs (ligne 12). Il est à remarquer qu'en hébreu le seul sens du verbe אָחַז, au piel, est justement "fermer", sens qu'a également le syriaque. ܐܚܕ

"vers, dans, à, sur" est peut-être un accusatif employé comme préposition ; on trouve avec le sens de "vers" dans un texte religieux (R v V p. 50 col. I l. 8).

Le mot [cuneiform] est écrit [cuneiform] et [cuneiform] dans une phrase de Nabuchodonosor que je citerai à la page 54 et j'ignore sa signification. Le [cuneiform] des sanctuaires du temple Zida était en argent; on désignait donc sous ce nom un objet d'assez petite dimension, peut-être l'autel ou une sorte de tabernacle renfermant des objets servant au culte des dieux.

[cuneiform], écrit idéographiquement [cuneiform] dans notre passage, désigne les palais, les temples (1), les

---

(1) Un grand nombre de mots étaient employés pour désigner les temples, les sanctuaires et les bâtiments consacrés aux dieux; les principaux sont:

1° [cuneiform] (ékour) "temple", pluriel [cuneiform] (voyez mon travail sur l'inscription de Méron-nérar Iᵉʳ page 34).

2° [cuneiform] "maison" qui désigne surtout l'ensemble des temples avec toutes leurs dépendances.

3° [cuneiform] "palais, bâtiment".

4° [cuneiform] "temple, sanctuaire".

5° [cuneiform] qui s'écrivait souvent idéographiquement [cuneiform] et paraît avoir signifié au propre "habitation"; on trouve par exemple dans Nabuchodonosor [cuneiform]

sanctuaires et en général tous les édifices somptueux. On trouve par exemple : "tous les rois qui habitent "l'habitation de la royauté" (R. v I p. 66 l. 41) et dans un texte lexicographique : "l'habitation d'un dieu, l'habitation d'un roi (R. v V p. 19 l. 33, 34). Le d'un temple était probablement le sanctuaire, l'endroit où étaient placées les statues des dieux.

6°. Ce mot paraît avoir été synonyme de , car un syllabaire explique l'idéogramme à la fois par et par (R. v. II p. 2 nº 346, 347). On l'employait souvent pour désigner les temples ou les sanctuaires. (R v I p. 65 col. II l. 51, L. p. 64 l. 37, R v V p. 60 col. III l. 4, R v V p. 62 nº 2 l. 51) ; j'ignore quelle était sa prononciation exacte.

7°. J'ai supposé à tort, dans mon travail sur l'inscription de Bavian, que ce mot désignait les statues des dieux ; on le trouve plusieurs fois avec le sens de "temple." (R v. IV p. 23 nº 1 l. 20 ; R v. V p. 62 nº 2 l. 42). On rencontre la forme , qui est sans doute fautive, dans la phrase de Sargon :

"les palais de toutes les régions" (R v V p. 35 l. 28. 29.)

"les grands dieux qui habitent le "sanctuaire de tous les temples" (R v V p. 62 n° 2 l. 49, 50).

Le sens primitif de ce mot était sans doute "construction, bâtiment" : il existe, en effet, un verbe dérivé du thème PRK dont les sens très divers n'ont pas, je crois, été déterminés jusqu'à présent d'une manière exacte et qui, au Kal, signifie "construire", comme le prouvent les exemples suivants : etc "quiconque construirait" (second aoriste) "devant mes inscriptions pour "qu'on ne puisse pas les voir", etc (R v. I p. 27 l. 64, 65, 66) etc

---

"la ville aimée d'Istar où se trouvent tous "les temples des dieux et des déesses (L. p. 64 l. 35).

8° "lieu, endroit" pluriel (voyez mon travail sur l'inscription de Mérou-nérar I page 122).

"une ville royale" etc "qui comme un grand rempart est construite devant le pays d'Elam" (R v. V p. 4 l. 124, 125). Le niphal du même verbe signifie :

1° "cesser, cesser une chose". Il s'emploie avec la préposition lorsqu'il est suivi d'un substantif, exemple: "je ne cesse pas les restaurations des temples Chakkil et Zida (R v V p. 63 col. I l. 19, 20).

2° "se séparer de". Sargon nous apprend qu'à la nouvelle d'une révolte il ne prit pas la peine de réunir son armée et marcha contre les ennemis avec les troupes de sa garde qui ne le quittaient jamais ; le texte porte: (1) (2) "avec les guerriers qui dans la paix ne se séparent pas de moi"(3). Le même

---

(1) est employé comme préposition et signifie "pendant".

(2) Au sujet de employé comme préposition, voyez mon travail sur l'inscription de Bavian, page 69.

(3) Grande inscription du palais de Khorsabad publiée et

roi exprime le souhait que des "chédou" veillent jour et nuit sur les palais qu'il a construits et ajoute:

"qu'ils ne se séparent pas d'eux"[1]. Enfin, ce verbe, au chaphel, signifie "faire, exécuter" en général[2]:

"l'œuvre de mal qu'à ma prière les dieux mes protec-"teurs avaient faite au père qui l'avait engendré (R. V p. 2 l. 121, 122).

Je ne saurais indiquer quels étaient les bâtiments appelés à la ligne 43. Il semble que le mot , que nous trouvons à la ligne 38, désigne le temple avec toutes ses dépendances, ou, en d'autres termes, l'ensemble de constructions que l'on appelait . Le dont il est question à la ligne 37 était évidemment le sanctuaire

---

commentée par MM. Oppert et Ménant, lignes 99 et 100.

(1) Grande inscription du palais de Khorsabad, ligne 190.

(2) Guyard a reconnu le sens de dans ses notes de lexicographie assyrienne (page 59); mais il a mal lu et mal compris deux phrases de Nabuchodonosor qu'il cite et que je traduirai plus loin.

ou le temple proprement dit ; enfin, je suppose que les [cuneiform] étaient, soit des chapelles, soit des bâtiments situés dans l'enceinte du temple et destinés au logement des prêtres.

Après [cuneiform], nous voyons, à la ligne 43, un signe en partie effacé qui est certainement [cuneiform], puis les lettres [cuneiform] et [cuneiform] suivies d'un caractère complètement illisible. L'inscription en caractères cursifs porte : [cuneiform] (ligne 14). Il est presque certain que le caractère illisible de la ligne 43 était [cuneiform] ; l'idéogramme [cuneiform] (1) est, en effet, expliqué par [cuneiform] dans un texte religieux (R v IV p. 16 nº 1 l. 56, 57).

Un récit des restaurations exécutées dans le temple Zida se trouve dans le grand cylindre de Nabuchodonosor. Il est inutile de reproduire le passage dans son entier et je me contenterai d'en citer quelques lignes qui ont un certain intérêt, car elles nous feront connaître le sens d'un mot nouveau :

[cuneiform]

[cuneiform]

---

(1) L'idéogramme [cuneiform] se trouve dans Sennachérib (R v. III p. 13 l. 16) et dans Nabon-naïd (R v V p. 65 col. II l. 25).

(1) (R v. I p. 54 col. III l. 54 et suiv.)

Voici comment je traduis cette phrase : "j'ai construit "splendidement le chemin du sanctuaire et la route du "temple de briques , l'autel? des "chapelles? situées à l'intérieur en argent (littéralement « fait d'argent) les taureaux, les battants, les portes en ." Dans le passage des inscriptions de Wadi Brissa où il est question des mêmes travaux, il est dit que le roi construisit le chemin du sanctuaire et la route du temple littéralement "avec de la brique d'ar"gent brillant". Les expressions "brique d'argent brillant" et "brique de " étaient donc

---

(1) Dans son ouvrage intitulé "Travels in Georgia, Persa, Armenia, ancient Babylonia", Ker Porter a reproduit les fragments d'un cylindre de terre cuite qui contenait un texte en caractères cursifs identique à celui que nous lisons sur le grand cylindre de Nabuchodonosor. Le passage cité ci-dessus s'y trouve tout entier et le mot est orthographié .

synonymes et l'on appelait de la sorte des briques recouvertes d'un émail de couleur argentée contenant, par conséquent, une certaine quantité d'argent —; [illegible] était le nom que l'on donnait à cet émail, qui devait avoir une grande valeur, car Achour-ban-abal nous apprend qu'il trouva dans le trésor des rois d'Elam: [illegible] "de l'émail [1] de couleur foncée et du [illegible] "brillant" (R. v V p. 6 l. 11).

Septième colonne.

Lignes 1, 2. Je m'occupai d'établir leurs grands ..... plus qu'auparavant.

Il m'est impossible d'indiquer quel est le mot en partie effacé qui se trouve au commencement de la première ligne.

[illegible], forme vulgaire pour [illegible], se trouve également à la ligne 20. Bien que [illegible] ne se rencontre que très rarement dans les textes, il est probable que la voyelle finale de cette préposition avait

---

[1] Voyez au sujet du mot [illegible] le commentaire de la troisième colonne de l'inscription en caractères cursifs.

complètement disparu non-seulement à Babylone, mais même à Ninive.[1]

me paraît être, malgré l'absence du redoublement de la seconde consonne, l'infinitif pael d'un verbe dont le premier aoriste se lit dans les deux phrases suivantes : etc :

"j'ai placé du vin etc sur la table de Mardouk et de "Zarpanit, mes maîtres." (R v. I p. 65 col. I l. 22 et suiv.)

"j'y ai placé toute espèce de choses en abondance". (R v V p. 63 col. I l. 23). Ces deux exemples me porteraient à croire que notre verbe signifie "placer, établir" et peut-être aussi "instituer".

Lignes 3, 4, 5, 6, 7, 8, 9, 10, 11, 12, 13, 14, 15, 16, 17, 18, 19, 20.
Le premier jour, j'ai offert plus qu'auparavant sur la table de Nabou et de Naua mes maîtres, un bœuf adulte ?

. . . .

---

[1] On trouve la forme dans un texte de Sennachérib (voyez mon travail sur l'inscription de Bavian, pa e 155, note 1).

un veau ?, un agneau, des libations, offrande aux dieux de .... des [cunéiforme], 3 [cunéiforme], 20 ....,...., des œufs ? de [cunéiforme], 2 [cunéiforme] rouges, des [cunéiforme], des poissons de mer, des [cunéiforme], des légumes frais ? gloire des sillons ?, des fruits murs ? production des champs, des dattes, des [cunéiforme], de l'huile [cunéiforme], du vin [cunéiforme], du [cunéiforme] du beurre, du [cunéiforme], du lait, du [cunéiforme], de la graisse, du miel, du [cunéiforme], du vin blanc ?

A la ligne 3, commence une longue phrase dans laquelle le roi énumère les mets et les denrées qu'il faisait servir sur la table du dieu Nabou et de la déesse Nana. Nous trouvons des énumérations presque semblables dans trois autres passages des inscriptions du Wadi Brissa, savoir : A la quatrième colonne de l'inscription en caractères archaïques (lignes 28 et suivantes), au haut de la quatrième colonne de l'inscription en caractères cursifs (lignes 10 et suivantes) et enfin à la septième colonne de la même inscription (lignes 16 et suivantes) ; un cylindre de Nabuchodonosor publié dans le premier volume du recueil du British Museum (planches 65 et 66) contient également, dans trois passages différents, des énumérations de denrées servies sur la table des dieux (colonne I lignes 16 et suivantes, colonne II lignes 26 et suivantes, colonne III lignes 9 et suivantes).

, que nous voyons à la ligne 3, après , est expliqué dans un texte religieux par "grand bœuf" (R v IV p. 23 col. I l. 9, 10) ; ces deux caractères ne forment donc pas un seul idéogramme, comme on pourrait le croire. Peut-être désignait-on de la sorte le bœuf adulte, par opposition au veau.

Le mot est écrit idéographiquement (1) à la ligne 18 de la 7e colonne de l'inscription en caractères cursifs ; un passage d'Achour-banabal me porterait à croire qu'il signifie "veau" (R v. V p. 9 l. 65, 66).

se retrouve à la ligne 17 de la septième colonne de l'inscription en caractères cursifs ; c'est peut-être une forme babylonienne pour .

Le mot en partie effacé qui termine la ligne 6, se trouve à la ligne 17 de la septième colonne de l'inscription en caractères cursifs

(1) La forme assyrienne du caractère est .

et dans deux passages du cylindre précité de Nabuchodonosor (R v I p. 65 col. I l. 17, p. 66 l. 11); je le fais venir de la même racine que le syriaque ܐܟܣ "verser, "répandre" et le traduis par "libations".

Bien que [cunéiformes] se trouve dans trois autres passages (à la ligne 35 de la quatrième colonne de l'inscription en caractères archaïques, à la ligne 18 de la première colonne et à la ligne 28 de la seconde colonne du cylindre) il n'est impossible d'indiquer son sens précis; je serais porté à croire que ce mot désignait une sorte d'offrande.

[cunéiformes], que nous trouvons également aux lignes 36 et 37 de la quatrième colonne de l'inscription en caractères archaïques et à la ligne 20 de la septième colonne de l'inscription en caractères cursifs, est peut-être l'idéogramme du mot [cunéiformes], car nous lisons dans une liste de noms d'oiseaux en trois colonnes (R v II p. 37 l. 10):

..... [cunéiformes] | [cunéiformes] | [cunéiformes]

L'idéogramme en partie effacé de la première colonne était peut-être celui qui nous occupe. Je ne saurais, du reste, indiquer quel était l'oiseau de grande taille qui portait ce nom[1]. Sargon nous apprend qu'il sacrifia des [cuneiform] à Ourgal, à Méron et aux dieux de la ville de Kalakh (L.p.34 l.19).

J'ignore également quel était l'oiseau que l'on appelait [cuneiform] et il ne m'est pas possible d'indiquer la lecture de ce mot qui, à la ligne 36 de la 4e colonne de l'inscription en caractères archaïques et à la ligne 20 de la 7e colonne de l'inscription en caractères cursifs, est suivi du déterminatif [cuneiform]. Il est bon de faire remarquer que ce déterminatif s'ajoutait non-seulement aux idéogrammes des noms d'oiseaux, mais même à ces noms écrits phonétiquement ; on trouve par exemple le mot [cuneiform] qui désigne peut-être la femelle de l'aigle ou du vautour[2] (عنز) écrit tantôt avec, tantôt sans le déterminatif [cuneiform], exemples: [cuneiform]

---

[1] Ce serait, d'après Mr. Delitzch, le "paon" ou le "faisan", mais rien n'est moins certain (Delitzsch, Assyrische Thiernamen page 105).

(2) [cuneiform] qui s'écrivait idéographiquement [cuneiform] (R.v. IV p.14 no 1 verso. l.5,6) était aussi le nom d'une étoile ou d'une constellation que l'on appelait également [cuneiform] (R v V p.46 no 1 l.20).

[cuneiform], "comme l'aigle femelle il se précipita sur "eux" (R v. I p. 22 ligne 107) [cuneiform] (transactions of the society of biblical archaeology vol. VII part. I 1880 page 97). L'absence du déterminatif, dans notre passage, me porterait à croire que [cuneiform] n'est pas un idéogramme et doit être lu phonétiquement; malheureusement le caractère [cuneiform] est polyphone. On trouve dans un passage mutilé du cylindre de Cyrus: [cuneiform] (1) [cuneiform] (R v. V p. 35 l. 37); peut-être [cuneiform] doit-il être lu "toutarou" et, dans ce cas, la valeur "tar" devrait être ajoutée à celles que l'on connaît déjà à la lettre [cuneiform]

[cuneiform] qui se rencontre également à la ligne 37 de la quatrième colonne de l'inscription en caractères archaïques, est peut-être l'idéogramme d'un mot signifiant "œuf"; je ne suis pas en mesure d'indiquer la forme cursive de ce caractère.

Le sens des mots [cuneiform] (ouchoummou) et [cuneiform], qui désignent tous les deux des animaux, m'est inconnu. Le premier se trouve à la ligne 37 de la 4e colonne de l'inscription

---

(1) Le caractère [cuneiform] est en partie détruit.

en caractères archaïques, à la ligne 16 du haut de la 4e colonne et à la ligne 21 de la 7e colonne de l'inscription en caractères cursifs, ainsi que dans les trois passages du cylindre (colonne I ligne 19, colonne II ligne 29, colonne III ligne 13); il est habituellement qualifié de [illegible] "rouge" ce qui me porterait à croire que c'est le nom d'un oiseau. Le second se rencontre à la ligne 38 de la 4e colonne de l'inscription en caractères archaïques, à la ligne 19 de la 7e colonne de l'inscription en caractères cursifs et à la ligne 29 de la seconde colonne du cylindre.

La lacune de la ligne 10 contenait certainement le mot [illegible]. Je ne sais comment rendre l'expression [illegible] [illegible] que nous rencontrons à la quatrième colonne de l'inscription en caractères archaïques (ligne 39), à la quatrième colonne (ligne 17) et à la septième colonne (ligne 21) de l'inscription en caractères cursifs, ainsi que dans les trois passages du cylindre (colonne I ligne 19, colonne II ligne 30, colonne III ligne 14). J'ai parlé longuement dans mon travail sur l'inscription de Mérou-nérar Ier (page 23) du mot [illegible] qui signifie "propriété, "insignes, attribut, ce qui appartient en propre à "quelqu'un". Quant à [illegible], il paraît devoir être rendu par "fossé" ou "marais" dans cette phrase de Nabuchodonosor : [cuneiform] "je l'entourai d'eaux "abondantes comme la grandeur de la mer, je l'entourai d'un "marais" ou "d'un fossé" (R. v. I p. 65 col. II l. 12, 13, 14). L'expression [cuneiform] signifie donc littéralement "ce qui appartient en propre aux étangs "ou aux fossés" et on désignait sans doute sous ce nom un animal aquatique quelconque que l'on ne comptait point parmi les poissons, comme le crabe ou l'écrevisse[1].

[cuneiform], écrit [cuneiform] à la quatrième colonne de l'inscription en caractères archaïques (ligne 40), vient, ainsi que l'a reconnu

---

(1) On pourrait supposer que [cuneiform] était le nom d'un animal, mais il n'en est rien ; on lit, en effet, dans un texte religieux, (R. v. V p. 51 l. 76) [cuneiform] .... "le poisson, l'oiseau, le ......" et, dans ce passage, [cuneiform] rend le groupe [cuneiform]. Or, [cuneiform] est l'idéogramme de [cuneiform] "propriété, attribut" (R. v. V p. 40 l. 2) ; on le trouve, par exemple, dans la phrase suivante : [cuneiform] "son image et ses attributs" (R. v. V p. 60 col. I l. 16).

Mr Delitzsch,[1] du thème يرق et signifie évidemment "légume", comme le syriaque ܝܘܪܩܐ.

Le mot , écrit à la ligne 22 de la 7e colonne de l'inscription en caractères cursifs, m'est inconnu; je suppose qu'il vient du thème حدش et je le traduis par "frais".

Le dernier mot de la ligne 11 était certainement , qui se trouve à la ligne 18 de la 4e colonne et à la ligne 22 de la 7e colonne de l'inscription en caractères cursifs; [2] signifie "écrit, texte, inscription", exemple : etc "j'ai lu dans les inscriptions de " (R v I p. 68 col. I l. 12, 13). Il avait certainement aussi d'autres acceptions, ainsi que le prouve cet extrait d'une tablette lexicographique (R v. II p. 27 l. 51, 52, 53) :

Je suppose que le sens primitif de ce mot

---

(1) Assyrische Thiernamen, page 150.

(2) Ce mot se prononçait dans le dialecte ninivite (R v I p. 47 col. VII l. 64).

était "ligne, ligne d'écriture" et que [cunéiforme] signifie "les sillons d'un champ" littéralement "les lignes d'un champ";[1] je traduis donc [cunéiforme] par "des légumes frais" "gloire[2] des sillons" c'est-à-dire "des légumes frais "ce que les champs produisent de meilleur".

Le mot [cunéiforme], qui est écrit [cunéiforme] à la ligne 23 de la 7e colonne de l'inscription en caractères cursifs, m'est inconnu ; je le traduis conjecturalement par "mûr".

[cunéiforme] "ce qui pousse, production" vient de la même racine que le verbe [cunéiforme] dont j'ai parlé à la page 33.

Le mot en partie effacé qui termine la ligne 12 est écrit [cunéiforme] à la ligne 23 de la 7e colonne de l'inscription en

---

(1) Je ne sais comment traduire [cunéiforme] ; peut-être donnait-on le nom de "moubaron" à une certaine maladie.

(2) [cunéiforme] et son synonyme [cunéiforme], que je n'ai rencontré qu'au pluriel, paraissent bien, ainsi que je l'ai dit dans mon travail sur l'inscription de Mérou-nérar (page 71), signifier "splendeur, gloire" ou peut-être "perfection".

caractères cursifs; [cuneiform] signifie certainement "jardins, plantations" et l'on trouve dans Sargon [cuneiform] "planter des jardins" (L. p. 64 l. 59). Je n'ai jamais rencontré le singulier de ce mot que Mr Lyon a confondu avec un autre, dont le singulier est [cuneiform] et qui est le nom d'une espèce de roseau[1] (R v V p. 32 n° 4 l. 65).

J'ignore le sens de [cuneiform], qui est écrit [cuneiform] à la ligne 24 de la 7e colonne de l'inscription en caractères cursifs; c'est peut-être le nom d'un fruit.

La forme cursive babylonienne du caractère [cuneiform] est [cuneiform], sa forme ninivite cursive est [cuneiform].

Il m'est impossible d'indiquer la lecture et le sens des idéogrammes [cuneiform], [cuneiform] et [cuneiform] que nous voyons également aux lignes 24 et 25 de la 7e colonne de l'inscription en caractères cursifs. [cuneiform] devait être le nom d'un végétal ou d'un produit tiré d'une plante, et, comme il serait singulier que l'huile ne fût pas citée parmi les liquides offerts aux dieux, je le traduis conjecturalement par "huile". [cuneiform] est

---

(1) Lyon: Keilinschrifttexte Sargon's p. 65.

certainement l'idéogramme d'un adjectif et [cuneiform] se lit peut être [cuneiform] (voir au glossaire).

L'idéogramme [cuneiform] (le dernier caractère a disparu à la ligne 15) se lit [cuneiform] (R v IV p. 4 col. III l. 32, 33, 36, 37); ce mot signifie "beurre ou lait caillé" comme l'hébreu חֶמְאָה.

[cuneiform] vient peut-être de la même racine que l'hébreu מָתֹק, mais je ne sais si c'est un adjectif signifiant "doux", ou un substantif désignant une denrée quelconque.

A la ligne 16, l'idéogramme [cuneiform] doit se lire [cuneiform] (R v IV p. 4 col. III l. 30, 31). Ce mot, qui se trouve écrit phonétiquement à la ligne 26 de la 7e colonne de l'inscription en caractères cursifs, signifie certainement "lait",[1] ainsi que le prouve la phrase suivante : [cuneiform] "ils têtaient 7 nourrices" (littéralement "sur sept nourrices") "et le "lait ne rassasiait pas leur ventre" (R v V p. 9 l. 66, 67).

---

(1) Lenormant a le premier reconnu le sens de ce mot (journal asiatique 7e série tome XI 1878 pages 215, 216, 217)

Le mot se trouve également à la ligne 47 de la 4e colonne de l'inscription en caractères archaïques, à la ligne 26 de la 7e colonne de l'inscription en caractères cursifs et à la ligne 33 de la 2e colonne du cylindre, où il est écrit . Cette orthographe prouve qu'il doit être lu "oulou". J'ignore sa signification.(1)

, écrit à la ligne 26 de la 7e colonne de l'inscription en caractères cursifs, signifie certainement "graisse".

se trouve dans deux passages du cylindre (R v I p. 65 col. I l. 21, col. II l. 31) et vient peut-être de la même racine que "le miel"; je le traduis conjecturalement par "hydromel".

Je ne sais si l'expression (Karanou ellou) doit être traduite par "vin pur" ou par "vin blanc".

---

(1) On lit dans une liste de synonymes (R v V p. 28 n° 2 l. 26, 27):

Ce passage me porterait à croire que le mot "oulou" désignait une sorte de graisse; malheureusement rien ne prouve que qui pourrait se lire "chamlou", soit le même mot que celui qui nous occupe, ni que doive être lu "chaman".

Lignes 21, 22, 23, 24, 25, 26, 27, 28. Je m'occupai du vaisseau .... son véhicule brillant, je.... je revêtis d'or rouge le pavillon ? de chêne et les grands mats de pin ....

Le sens du verbe [cuneiform] m'est inconnu.

On appelait [cuneiform] une sorte de pavillon portatif qui servait de tente aux rois pendant leurs campagnes. Un bas relief trouvé à Koyoundjik et représentant un pavillon de cette nature est, en effet, accompagné de la légende suivante : [cuneiform] "pavillon de Sennacherib roi "d'Assyrie" (R v I p. 7 J). Un mot qui s'écrivait de la même manière, mais se prononçait probablement avec une autre sifflante et dont il m'est impossible d'indiquer la signification, se trouve dans la phrase suivante de Nabuchodonosor : [cuneiform] "je creusai son fossé et j'atteignis la nappe d'eau "souterraine,[1] j'en construisis le mur de soutien[2]

---

[1] Le sens primitif de [cuneiform] est probablement "le dessous d'une chose, ce qui est par dessous"; on appelait [cuneiform] "le dessous des eaux", l'endroit où l'eau apparait lorsqu'on creuse le sol à une grande profondeur.

[2] On appelait [cuneiform] (état construit [cuneiform]) toute espèce de muraille adossée à une masse de terre et qui l'empêchait de s'ébouler. Ce mot, qui se trouve deux fois dans la phrase citée, désigne, la première fois, le mur qui formait la paroi du fossé, et, la seconde fois, le revêtement en briques cuites du rempart, c'est-à-dire les deux murailles en briques cuites qui soutenaient la terre battue ou la brique crue avec laquelle était construite la masse intérieure du rempart.

Il est probable que le sens primitif du mot [cuneiform] était "bord"; on trouve en effet dans Sennachérib [cuneiform] "sur le rivage de la grande mer" (R v III p. 12 l. 35) [cuneiform] "un fleuve dont la rive est bonne" c'est-à-dire "favorable à un débarquement" (R v. III p. 13, l. 2, 3).

« avec du bitume et de la brique ; je fis faire en bitume « et en briques le du mur de soutien « du grand rempart qui, comme une montagne, ne peut « pas être enlevé » (R v I p. 65 col. I l. 46 et suiv.). Enfin, il existait peut-être un troisième mot qui s'écrivait de la même manière et désignait une sorte de litière. Achour-ban-abal termine le récit de la construction et de l'inauguration d'un palais par la phrase suivante : (R v. V p. 10 l. 108). Comment faut-il traduire cette phrase ? On pourrait supposer que les mots désignent une sorte de pavillon où le roi pénétra, mais l'emploi simultané de deux prépositions différentes pour indiquer l'endroit où il se rendit me paraît bien singulier et je crois qu'Achour-ban-abal veut dire qu'il entra dans le palais porté dans une sorte de litière appelée (1). Je citerai également la phrase suivante, où le même mot, écrit avec le déterminatif , me paraît désigner un palanquin ou une litière, bien qu'on puisse pourtant le traduire par pavillon :

---

(1) Au sujet de voyez le commentaire de la 6e colonne de l'inscription en caractères cursifs.

"je leur enlevai les chars, les chars couverts (1), les palanquins? de leur royauté" (R v. I p. 43 l. 49.) le dont il est question dans notre passage, ne peut être qu'une espèce de pavillon placé au milieu du bateau, ou un palanquin sur lequel on plaçait la statue du dieu, lorsqu'on la promenait en barque sur le fleuve.

(le signe est probablement un déterminatif) signifie certainement "mak", ainsi que le prouve l'épithète , qui ne peut être donnée qu'à un arbre ou à une plante. Le mot est écrit avec un K, à la troisième colonne du grand cylindre de Nabuchodonosor, où le roi mentionne en ces termes les réparations qu'il fit faire à la barque sacrée du fleuve Asmon :

---

(1) est le pluriel de "char couvert".

[cuneiform] "la barque du fleuve "Asmou, véhicule de sa grandeur, barque de la prome-"nade de l'équinoxe fête de Babylone, je revêtis sa "mats et le pavillon ? placé au milieu avec des ..... de .... et de pierre" (R v. I p. 54 col. III l. 71 et suiv.)

La ligne 28 est intraduisible pour moi.

Lignes 29, 30, 31, 32, 33, 34, 35. A l'équinoxe du commencement de l'année, à la fête de "l'akit" du maître des dieux Mardouk, Nabou le fils puissant se promène depuis Borsippa jusqu'à Babylone, dans la barque du fleuve Asmou de beauté.

La lacune de ligne 29 devait contenir les mots [cuneiform]. Celle qui se trouve à la ligne 30, après [cuneiform], contenait très probablement le caractère [cuneiform].

Au sujet des mots [cuneiform], [cuneiform] et [cuneiform], voyez le commentaire de la 3e colonne de l'inscription en caractères cursifs.

Le mot en partie effacé qui terminait la ligne 33 était probablement [cuneiform], second aoriste du kal d'un verbe qui signifie "se promener, "s'avancer en procession, aller processionnellement d'un "endroit à un autre", exemples: [cuneiform]

[cuneiform]

"mes vastes armées s'avancent processionnellement dans Babylone" (R v. V p. 35 l. 24). "dans l'allée et le retour dont ils s'avancent processionnellement devant toi" c'est-à-dire "dans la marche en grande pompe qu'ils font pour aller devant toi et en revenir" (R v V p. 65 col. II, l. 35). Nous verrons le chaphel "faire promener" à la ligne 17 du haut de la troisième colonne de l'inscription en caractères cursifs. De la même racine dérivent "procession, "jour où une procession a lieu"(1) et "procession, promenade", que l'on trouve plusieurs fois dans Nabuchodonosor.

Ainsi que je l'ai dit à la page 42, est l'idéogramme de ; le nom propre se lisait donc "Asmon" ou "Naaron Asni".

Les mots me semblent ne

---

(1) "le 25e jour, jour de la promenade "de Bélit" (R v. IV p. 33 col. III, l. 22) est peut-être l'infinitif du Kal.

pouvoir être rattachés, ni à ce qui précède, ni à ce qui suit : j'en fais une épithète de [cuneiform] et je traduis "le fleuve Asmon de beauté".

Lignes 36, 37, 38, 39, 40. J'ai bâti un .... plein de splendeur et j'ai rempli de splendeur le pavillon? d'émail et les deux mats pour la marche de sa grandeur, afin d'exciter l'admiration (littéralement : pour l'admiration).

Le mot [cuneiform] m'est inconnu. On pourrait supposer qu'il vient du thème ZNN et le traduire par "restauration", mais le verbe [cuneiform] "établir, poser, bâtir" ne s'emploierait certainement pas dans le sens de "faire des réparations" et il est probable que [cuneiform] désignait une sorte de construction qu'il m'est impossible de déterminer.

[cuneiform] vient de la même racine que l'arabe كِلَا et l'éthiopien ክልኤ: et signifie "deux, tous les deux"(1), exemple : [cuneiform] "les deux rois livrèrent bataille" (R. v. V p. 55 l. 29), [cuneiform]

---

(1) Guyard a déjà reconnu le sens de [cuneiform] (Voyez : Revue de l'histoire des religions, tome I 1880, page 341).

"Mardouk le grand seigneur et Sin l'illuminateur du ciel "et de la terre se tinrent tous les deux debout et Mardouk "m'adressa la parole" (R. v V p. 64 col. I l. 18, 19). De la même racine dérive qui signifie "l'un des deux, "chacun des deux"; Achour-ban-abal dit qu'il enleva dans une ville d'Égypte deux grandes colonnes "de 2500 talents chacune"(1) (R. v. V p. 2. l. 42).

Le caractère en partie effacé de la ligne 39 ne peut être que .

La lacune de la ligne 40 ne contenait que deux caractères, dont le second est encore reconnaissable; cette ligne doit donc être restituée ainsi:

---

(1) Il ne faut point confondre avec , qui vient également du thème KLL, mais dérive probablement d'une toute autre racine. Le sens primitif de ce mot était peut-être "couronne" (اكليل, ܟܠܝܠܐ); on le trouve avec celui de "parapet" dans cette phrase de Nabuchodonosor: "j'entourai son sommet d'un parapet d'albâtre (R. v. I p. 58 col. IX l. 17, 18).

[cuneiform]

Lignes 41, 42, 43, 44, 45, 46, 47, 48, 49, 50, 51, 52. Ce qu'aucun roi antérieur n'avait fait, je l'ai fait grandement pour Nabou mon maître. Depuis « Ichtarit sakipat tébichou » jusqu'à la « Porte brillante », l'avenue nommée Ichtarit lamas zabéchou. [cuneiform] du maître « grand Mardouk, depuis Ikkipchou-nakar jusqu'au « territoire de Nabou du temple Chakkil, la place nommée « Nabou dayan nichéchou [cuneiform] . . . . « un terre-plein élevé avec du bitume et . . . . »

Les mots [cuneiform] forment un nom propre qui parait être celui d'une rue, d'un quartier ou d'une localité comprise dans l'enceinte de Babylone. Il en est question aux lignes 47 et 55 de la cinquième colonne du grand cylindre de Nabuchodonosor.(1) Le mot [cuneiform] n'est

---

(1) Dans ces deux passages, le nom propre en question est écrit :

[cuneiform]

Mr Flemming a lu « Nana » l'idéogramme [cuneiform], sa forme cursive ninivite [cuneiform] se trouve dans les textes d'Ekbour-nossir-abal et des variantes prouvent que ce groupe doit être lu « Ichtar » (R v. I p. 22, l. 88.)

inconnu et je suppose qu'il a le sens "d'adversaire" ou "ennemi"; si cette hypothèse est exacte, le nom propre "Ichtarit sakipat tébichou", ou mieux, "Ichtarit sakipat tébicha" signifie "Ichtarit qui anéantit ses ennemis."

La "Porte brillante" est mentionnée deux fois dans le grand cylindre de Nabuchodonosor (R v. I p. 55 col. V l. 17; p. 56 col. V l. 46).

A la ligne 45, paraît être le nom propre d'une rue de Babylone. L'idéogramme se lit à la fois et (R v. II p. 1 nos 174, 175), mots qui désignaient certains génies ou certaines divinités de second ordre, dont les statues étaient placées aux portes des palais et des villes. Une phrase de Nabuchodonosor prouve que, malgré sa forme masculine, était féminin[1] aussi suis-je très porté à croire que les "Chédou" étaient des génies et les "Lamassou" des fées ou des divinités femelles et, c'est pour ce motif, que je lis le nom propre de la ligne 45: "Ichtarit lamas zabéchou", ce qui signifie "Ichtarit fée protectrice de ses hommes".

L'idéogramme est rendu

---

(1) "je rétablis sa Lamas puissante" (R v. I p. 65 col. II l. 55)

dans un texte religieux, par [cuneiform] (R. v. IV p. 16 n° 2 l. 52, 53, 54). Malheureusement, la signification de ce mot n'est pas absolument certaine. Je crois qu'on doit le traduire par "avenue, grande rue", sens qui conviendrait très bien dans tous les passages où on le trouve; j'ajouterai que [cuneiform] étant l'idéogramme de [cuneiform] "marché" et celui de [cuneiform] "rue", et [cuneiform] étant souvent rendu par [cuneiform] "vaste", l'idéogramme [cuneiform] signifie "vaste rue" ou "vaste marché".

Il m'est impossible d'indiquer le sens de [cuneiform], qui se trouve aux lignes 46 et 50; c'est probablement un idéogramme.

J'ignore également quel peut être le sens des mots [cuneiform], qui paraissent être le nom propre d'une rue ou d'un quartier de Babylone. Le caractère [cuneiform] est, du reste, très douteux.

[cuneiform] (tamla) vient de la racine [Hebrew/Semitic root] et signifie probablement au propre "remplissage" ou "chose remplie". On donnait le nom générique de [cuneiform] à toute espèce de chaussée, de terrasse ou d'amoncellement de terre soutenue par des murs qui l'empêchaient de s'ébouler; les énormes plateformes de terre ou de brique sur lesquelles on construisait les palais étaient également appelés [signes cunéiformes].

Inscription en caractères cursifs.

Deuxième colonne.

Lignes 1, 2, 3, 4, 5, 6, 7, 8, 9, 10 . . . . le temple Zida, du temple Chakkil, le sanctuaire de Nabou du [signes cunéiformes], dans l'intérieur duquel, à l'équinoxe ? du commencement de l'année, Nabou, le fils puissant, se rend processionnellement, en partant de Borsippa, pour la fête de "l'akit." et où il se plait ; j'ai revêtu d'or rouge son . . . . . son seuil, ses chambranles, son . . . . . plancher, son . . . .

La lacune de la ligne 5 devait contenir les deux caractères [signes cunéiformes]. Celle de la ligne 7 ne contenait que le caractère [signe cunéiforme]. La ligne 6 doit être ainsi restituée : [signes cunéiformes].

Bien que le mot [signes cunéiformes]

se trouve souvent dans les textes[1], sa signification est encore inconnue ; on le traduit généralement par "autel", sens qui est certainement inexact.

Je parlerai plus loin, dans le commentaire de la troisième colonne, des mots [cunéiforme], [cunéiforme] [cunéiforme] [cunéiforme] et [cunéiforme].

Au sujet du mot en partie effacé qui commence la ligne 9, voyez page 42.

Haut de la troisième colonne.

Le haut de la troisième colonne contient le récit des réparations qui furent faites à une barque sacrée. Le même récit se retrouve à la cinquième colonne de l'inscription en caractères archaïques (lignes 19 et suivantes).

Lignes 1, 2, 3, 4, 5, 6, 7, 8, 9, 10, 11. La barque

---

(1) [cunéiforme] s'écrivait idéographiquement [cunéiforme] ou [cunéiforme], [cunéiforme] (R. v. V p. 64 col. III l. 46) et peut-être [cunéiforme] (R. v. I p. 16 l. 57). On sait que [cunéiforme] peut se lire "sal" et que [cunéiforme] a, entre autres valeurs, celle de "gish"; l'idéogramme [cunéiforme] est donc, tout simplement, le mot assyrien "Kisallou" écrit à l'envers. De même, de [cunéiforme] [cunéiforme], on a formé l'idéogramme [cunéiforme].

[cuneiform] .... son véhicule brillant, je revêtis d'émail ? sa surface en avant ? et en arrière, ses ustensiles, ses ...... ses ...... et ses colosses ?, je les ornai avec des pierres, du [cuneiform], je fis briller son éclat dans les flots de l'Euphrate comme les étoiles du ciel et, pour l'admiration des légions des hommes, je la fis remplir de beauté.

J'ignore la lecture du groupe [cuneiform] (1).

---

(1) La forme ninivite de caractère [cuneiform] était [cuneiform]. En voici la preuve.

L'idéogramme d'un mot signifiant "volonté", écrit [cuneiform] dans une tablette lexicographique ninivite (R v II p. 65 n° 1 col. II l. 6), se trouve écrit en caractères babyloniens dans la phrase de Nabuchodonosor : [cuneiform] "par ta volonté stable qui affermit la voûte céleste". (R v I p. 51 n° 1 col. II l. 23. 24) [cuneiform] et [cuneiform] sont donc la même lettre.

J'ignore quelle était la valeur phonétique du caractère [cuneiform], qui paraît avoir été l'idéogramme du verbe [cuneiform] (irkoub), car nous voyons dans un fragment de calendrier que, le 19 du second mois d'Eboul, [cuneiform] "le roi ne montera pas sur son char (R v. IV p. 32 col. II l. 43).

qui désignait une sorte de barque ou de vaisseau, ainsi que le prouve le passage suivant: « priant sur le bord du fleuve, « priant sur le bord du vaisseau, du du . . . . . . (1) (R v. IV p. 59 col. III, l. 3, 4).

(Dans le grand texte de Nabuchodonosor (R v. I p. 54 col. III l. 10), la barque est qualifiée de (elpou) « bateau, vaisseau » en général. Aux lignes 17 et 23 nous trouvons au lieu de ; le caractère a probablement été omis par erreur.

J'ai parlé dans mon travail sur l'inscription de Bavian (page 52) du mot qui signifie « territoire »; il avait peut-être aussi le sens de « superficie, surface » qui conviendrait très

---

Il est donc probable que était l'idéogramme d'un mot dérivé de la racine ر ك ب, peut-être ce mot était-il markab (مركب), mais ce n'est là qu'une hypothèse.

(1) désignait évidemment une sorte de vaisseau ou de barque, mais il m'est impossible d'indiquer la lecture de cet idéogramme.

bien dans notre passage.

La lacune de la ligne 2 contenait peut-être, outre le caractère [cuneiform], qui est en partie effacé mais reconnaissable, le mot [cuneiform] "en avant".

Il m'est impossible d'indiquer dans le sens de [cuneiform] et la lecture du groupe [cuneiform] (1), qui paraît avoir été l'idéogramme d'un nom d'animal ou de monstre marin (R v. II p. 19 n° 2 l. 17). Des images de cet animal étaient placées aux portes des temples (R v I p. 67 col. I, l. 26).

(Dans une phrase citée à la page 55, Achour-ban-abal mentionne le [cuneiform] parmi les matières précieuses qu'il trouva dans le trésor des rois d'Élam et lui donne l'épithète de [cuneiform]. Je serais donc porté à croire que le [cuneiform] était une sorte d'émail ou de vernis précieux (2). Le mot en partie effacé qui termine la ligne 5 ne

---

(1) La forme ninivite du caractère [cuneiform] est [cuneiform].

(2) Certains émaux assyriens devaient avoir un grand prix. Place a trouvé dans une des chambres du palais de Khorsabad un bloc d'une matière bleue destinée à la fabrication de l'émail et formée de lapis-lazuli pulvérisé.

peut-être que [cuneiform], et l'emploi de ce verbe prouve que le [cuneiform] s'appliquait, ou pouvait s'appliquer sur une autre matière.

On connaît [cuneiform] dans le sens de "tiare"; [cuneiform] signifie aussi "cours d'eau, "flot" et Sennachérib qualifie un fleuve de [cuneiform] "cours "d'eau rapide" littéralement "violent" (L. p. 38 l. 13). Enfin, ce mot, ou, plus probablement, un autre mot se prononçant de la même manière mais dérivé d'une racine différente, paraît devoir être traduit par "matériel, machines". On lit, en effet, dans le fragment de chronique relatif aux guerres des Assyriens contre les Babyloniens, que Nabuchodonosor roi de Kar-Douniache envahit l'Assyrie, apportant avec lui des [cuneiform],(1) et qu'Achour-rich-ichi marcha

---

(1) [cuneiform], que l'on écrivait aussi [cuneiform], signifie "machine de guerre" en général, ou désigne une espèce de machine qu'il m'est impossible de déterminer: on le trouve dans la phrase d'Achour-nassir-abal: [cuneiform] "je pris la ville avec des [cuneiform], des [cuneiform] et des machines" (R v I p. 26, l. 111).

contre lui, le texte ajoute : [cuneiform] (1) [cuneiform]

"pour que les machines ne fussent pas prises, (2)
"Nabuchodonosor brûla son matériel dans les
"flammes, revint sur ses pas et retourna dans son
"pays." (R v. II p. 65, l. 6, 7).

Le mot [cuneiform] désignait évidemment une espèce de machine de guerre en bois ; il est écrit, sans déterminatif, [cuneiform] et [cuneiform] dans un autre passage d'Assour-nassir-abal (R v. I p. 24 l. 53). Quant à [cuneiform], c'est aussi le nom d'une machine, mais il m'est impossible d'indiquer la lecture de ce groupe.

(1) Le caractère [cuneiform], très lisible sur l'original, a été omis, dans la publication du British Museum.

(2) [cuneiform] est l'infinitif d'un verbe signifiant "prendre"; on le trouve dans la phrase : [cuneiform]
"une ville d'un accès très difficile avec deux remparts im-"prenables" littéralement "de deux remparts de ne pas "prendre" (R v I p. 22 l. 104, 105). Je n'ai jamais rencontré les aoristes de ce verbe.

La lacune de la ligne 7 contenait les lettres [cuneiform].

[cuneiform] se rencontre dans plusieurs passages avec le sens de "ciel", exemples: [cuneiform] "j'ai fait briller comme la voute[1] du ciel" (R v V p. 62 n° 1 l. 14) [cuneiform] "le puissant, qui est "établi dans les cieux brillants" (R v. I p. 29 l. 17). Enfin, on lit dans une tablette lexicographique (R v II p. 48 l. 53, 54):

[cuneiform]

Je serais très porté à croire que [cuneiform] signifie au propre "bleu, azuré". Il existe, en effet, un mot "bouroumou" ou "pouroumou" qui désigne certainement une couleur (Voyez mon travail sur l'inscription de Bavian pages 70, 71). [cuneiform] "le "ciel" voudrait dire littéralement "le bleu"; enfin,

---

[1] Dans la phrase citée, [cuneiform] désigne évidemment la voute céleste; on trouve également avec le sens de "voute céleste" la forme féminine [cuneiform], exemple: [cuneiform] "j'ai construit semblable à la voute des cieux" (R v. V p. 34 col. II, l. 2).

[cuneiform], que l'on trouve souvent comme qualificatif des étoffes et des vêtements, viendrait de la même racine et signifierait également "bleu".

Lignes 12, 13, 14, 15, 16, 17, 18. A l'équinoxe du commencement de l'année, j'y ai placé Mardouk le maître des dieux et à la fête des productions?, à son "akit" suprême, je l'ai promené en grande pompe sur la barque [cuneiform] . . . .

Il est plusieurs fois question, dans les textes babyloniens, de fêtes qui avaient lieu au [cuneiform]. On trouve, par exemple, dans Nabuchodonosor: [cuneiform] "à la fête du....?" (R v I p. 57 col. VII l. 23) et le même roi qualifie une barque sacrée de [cuneiform] "vaisseau de la procession du ....., de la fête de "Babylone". (R v. I p. 55 col. IV l. 1, 2). Qu'est-ce donc que le [cuneiform] ? On appelait ainsi un moment de l'année, un espace de temps compris dans le mois de Nisan, car Assarhaddon se souhaite à lui-même de passer, chaque année, la revue de ses troupes, dans le palais qu'il a construit, [cuneiform] "au .... "du premier mois" (R v I p. 47 col. VI l. 46). Nous ignorons à quel moment commençait le mois de

Nisan chez les Assyriens. Les Syriens ont adopté de bonne heure le calendrier julien et, au moyen âge, Nisan correspondait à Avril; mais il n'en était pas de même dans l'antiquité : un intéressant fragment d'Elias de Nisibe publié par Mr. Land [1] nous apprend, en effet, qu'à l'origine les Syriens avaient des mois lunaires et ajoutaient, tous les deux ou trois ans, un mois complémentaire à l'année, de manière à ce que l'équinoxe du printemps eût toujours lieu en Nisan. Tout ce que nous savons sur le calendrier assyrien, c'est que l'année commençait le 1er Nisan, que chaque mois avait trente jours [2] et qu'il y avait des mois intercalaires. Il serait donc bien téméraire d'affirmer que ces derniers mois étaient ajoutés à l'année, de manière à ce que l'équinoxe du printemps eût toujours lieu au mois de Nisan, comme dans l'ancien calendrier syrien; mais cela me parait fort probable.

---

(1) Land : Anecdota syriaca T. I p. 45.

(2) Un calendrier babylonien parvenu jusqu'à nous prouve qu'à la dernière époque les mois avaient trente jours (R v V p. 48, 49); mais il est fort possible qu'anciennement on se soit servi de mois lunaires. D'après un fragment de calendrier assyrien, le second mois d'Eloul avait trente jours à l'époque des derniers rois de Ninive (R v. IV p. 32, 33).

Nous possédons, du reste, deux documents astronomiques non datés qui nous apprennent qu'une certaine année l'équinoxe eut lieu le 6 du mois de Nisan et, une autre année, le 15 du même mois (R v. III p. 51 N.os 1, 2). Je serais très porté à croire que [cuneiform] était justement le nom que l'on donnait à l'équinoxe[1], mais il m'est impossible de le démontrer[2]. Quant à

---

(1) Si, comme je le suppose, [cuneiform] signifie au propre "équinoxe", il est probable qu'on donnait également ce nom à une période d'un certain nombre de jours commençant avant et finissant après l'équinoxe, car nous trouvons dans Nabuchodonosor : [cuneiform] "au [cuneiform] du commencement de l'année, le 8e jour, le 11e jour" (R v I p. 54 col. II, l. 56, 57).

(2) Il serait possible aussi que [cuneiform] ait été le nom d'un signe du zodiaque, mais je ne le pense pas. Ce mot se trouve deux fois dans un texte malheureusement mutilé, que je ne me charge pas de traduire et qui paraît être relatif à la fixation des mois fastes et néfastes (R v. III p. 52 N.o 2 verso). Ce texte commence ainsi : [cuneiform] "12 mois de la 1re année, 360 jours du . . . .

la lecture des groupes , , etc, elle est certaine : ils se lisaient "zammouk" ou "sammouk" par un ס. Nous trouvons, en effet, dans Nergal-char-oussour : (1) "l'équinoxe du commencement "de l'année" (R v I p.67 col. I l.34). Il est possible que le caractère soit un idéogramme se lisant

---

"de l'équinoxe ? . . . ." Le sens du mot m'est inconnu. Peut-être vient-il de la même racine que "compter" et doit-il être rendu par "compte"; dans ce cas, notre passage signifierait ".12 mois de la première année, 360 jours, dont le compte est l'équinoxe", c'est-à-dire "que l'on compte à partir du jour précis de l'équinoxe". Un peu plus loin, on trouve les mots , qu'il faut peut-être lire " zammouk "ana ittichou " et traduire " l'équinoxe a lieu, en son temps", c'est-à-dire " l'équinoxe a lieu au commencement du mois de Nisan."

(1) Le caractère , omis par erreur dans la publication du British Muséum, existe sur l'original, d'après ce que m'a écrit Mr. Pinches, qui a bien voulu, sur ma demande, collationner le texte de la phrase citée.

"zammouk" et les lettres [cuneiform], [cuneiform] ete des compléments phonétiques, mais je croirais plutôt que [cuneiform] pouvait se lire "zam".

A la ligne 14, nous trouvons une forme extrêmement curieuse, [cuneiform] pour [cuneiform]. L'orthographe [cuneiform] prouve que, dans le dialecte vulgaire de Babylone, lorsqu'un mot était terminé par un B non vocalisé et suivi de la particule [cuneiform], le B s'assimilait à l'M. Elle prouve, en même temps, que la particule suffixe [cuneiform] ne se prononçait pas ܘ, mais bien MA, ainsi que Mr Haupt et moi l'avons supposé.(1) Il serait, en effet, bien difficile d'admettre que l'addition de la syllabe ܘ à un mot terminé par un B ait pu altérer la prononciation de cette consonne. Il en était de même de l'N finale non vocalisée, qui s'assimilait à l'M de la particule MA; nous trouvons, en effet, à la ligne 20 de la sixième colonne de l'inscription en caractères archaïques, [cuneiform] pour [cuneiform] On peut donc considérer comme prouvé que la particule [cuneiform] se prononçait MA. Le ܘ consonne, ou w anglais était, du

(1) Pognon: l'inscription de Bavian page 73 note 2.

reste, extrêmement rare en assyrien et n'existait que dans un très petit nombre de mots[1]. Je dis le ו consonne et non le V ; il est certain, en effet, ainsi que je le supposais dans mon travail sur l'inscription de Bavian (page 162), que le son V n'existait pas en assyrien et je peux en donner aujourd'hui une preuve qui me parait concluante : le nom de la ville d'Aradus en Phénicie s'écrivait, tantôt... [cuneiform] (R v I p. 25 l. 86), tantôt [cuneiform] (R v. V p. 2 l. 63, 81). Cette dernière orthographe serait inexplicable si le ו était devenu un V en assyrien et si le nom de cette ville avait été "Arvad".

Le mot [cuneiform], au pluriel [cuneiform], signifie "fête" et désigne aussi bien les fêtes religieuses que les fêtes célébrées en l'honneur d'un homme. Une tablette lexicographique nous fait connaître le sens exact de ce mot : on y lit, dans la première colonne, [cuneiform] "jour du dieu et du roi", phrase qui est expliquée, dans la seconde colonne, par

---

(1) C'est à tort que j'ai dit dans mon travail sur l'inscription de Mérou-nérar 1er (page 38) que le son ו n'existait pas en assyrien ; le nom de mois [cuneiform] prouve le contraire.

"jour fête du dieu et du roi" (R v. V p. 31 n° 2 l. 50). Achourbanabal qualifie la ville d'Arbèles de "maison des fêtes", c'est-à-dire "endroit dans lequel on célèbre les fêtes";[1] enfin on trouve dans Achour-nassir-abal: "je célébrai ses fêtes dans les mois de chebat et d'adar" (R v. I p. 23 l. 134).

Je suppose que est le pluriel de "production", mais il m'est impossible de le démontrer.

est une faute évidente pour qui se lisait, du reste, à la ligne 35 de la cinquième colonne de l'inscription en caractères archaïques. qui est écrit à la ligne 4 de la seconde colonne de l'inscription en caractères cursifs[2], était le nom d'une fête que l'on ne célébrait, sans doute, qu'une fois par an, à l'époque

---

[1] Voyez: Texts in the Babylonian Wedge-writing by Theo G. Pinches, page 17, ligne 1.

[2] Une tablette lexicographique nous apprend que le caractère pouvait se lire a (R v. II p. 24 n° 2 l. 50); doit donc être lu "akit".

de l'équinoxe du printemps. Ce mot ne se trouve, en effet, jamais au pluriel et on lit dans Nabuchodonosor: ... "leurs fêtes pures, leur grande "akit" (R v I p. 66 l. 7, 8). Il semble qu'on célébrait "l'akit," à Babylone, dans le temple ..., car Nabuchodonosor l'appelle ... le temple ... "où on célèbre l'akit suprême du maître des dieux Mardouk" littéralement: "de l'akit suprême du maître des "dieux Mardouk" (R v I p. 55 col. IV l. 7). On trouve, plusieurs fois, dans le fragment de chronique relatif aux dernières années de Nabou-naïd et aux premières années du règne de Cyrus, la phrase: ... , que Mr. Pinches lit "isinnu "akitav barum" et traduit "a sacrifice for Sin they "made" (1). Mais, outre que le verbe "barou" ne signifie jamais "faire", on lit, dans un autre passage de la même chronique: ... (2) ...

(1) Transactions of the society of biblical archaeology vol. VII part I 1880 page 158.

(2) Ainsi que l'a reconnu Mr. Pinches, ... est

[cuneiform] "on célébra en paix la fête de "l'akit." On employait donc le verbe [cuneiform] dans le sens de "célébrer une fête" et il est évident que [cuneiform] doit être lu "batel" (par un [cuneiform]) et que la phrase citée signifie "la fête[1] de l'akit cessa, "n'eut pas lieu."

Le premier mot de la ligne 17 était [cuneiform] (voyez la ligne 36 de la 5e colonne de l'inscription en caractères archaïques).

Lignes 22, 23, 24. Ces lignes doivent probablement être restituées de la manière suivante :
[cuneiform]

---

probablement une forme babylonienne du caractère [cuneiform], qui était l'idéogramme de [cuneiform]. Nous lisons, sur un fragment de calendrier, que le 23 du second mois d'Eloul on célébrait la fête ([cuneiform]) de Chamache et de Mérou (R v. IV p. 33 col. III l. 15), et, dans un texte religieux, [cuneiform] est rendu par [cuneiform] (R v. IV p. 23 no 2 l. 1,2).

[1] Le mot [cuneiform] se termine toujours par une voyelle à l'état construit et je n'ai jamais rencontré la forme "issin", aussi serais-je porté à croire qu'il vient d'un thème quadrilittère ayant des lettres défectueuses pour première et quatrième radicales.

... [1] pour l'entrée du grand "maître des dieux, du maître des maîtres, depuis l'embar-"cadère ? de la barque ... jusqu'au temple ... , la promenade du grand maître "Mardouk" . . . . (voyez les lignes 40, 41, 42, 43, 44 de la cinquième colonne de l'inscription en caractères archaïques).

Je suppose que ... est une forme babylonienne pour ... "élevé".

... signifie probablement "quai, embarcadère" et vient d'un thème اسكل (سكّل atterrir, سكّل rivage). Je n'ai, du reste, rencontré ce mot que dans un seul autre passage, dans le récit d'un combat livré par lui sur les bords d'un fleuve, Sennachérib s'exprime en ces termes : ... [2]

---

[1] Ainsi que je l'ai dit à la page 83, le caractère ... a été oublié par le graveur, à la fin de la ligne 23.

[2] Le texte publié dans le Recueil du British Museum

"mes guerriers se dirigèrent contre eux "vers la berge des quais, ils volèrent comme des corbeaux "des vaisseaux à la rive".[1] (R v. III p. 13 l. 6, 7, 8, 9).

Haut de la sixième colonne.

Lignes 1, 2, 3, 4. Pour Chamache le juge suprême du ciel et de la terre, qui place dans l'oracle qu'il m'adresse un commandement ? glorieux (littéralement : de gloire), j'ai construit de nouveau le , son temple, qui est situé dans Babylone.

Le caractère , dont la forme archaïque est ou , est l'idéogramme d'un mot que je ne saurais déterminer[2] et qui

---

porte , leçon évidemment fautive.

(1) Au sujet du mot , voyez la note 2 de la page 70.

(2) est expliqué, dans les textes lexicographiques, par (R v. III p. 70 n° 148), (R v. III p. 70 n° 150), (R v. V p. 20 n° 2 l. 50)

signifie peut-être "ordre, commandement". On lit, dans une phrase de Nabou-naïd que je citerai en entier à la page 104, [cuneiform] "l'ordre glorieux de construire "ce temple."

Dans le passage du grand cylindre relatif à la reconstruction du [cuneiform], Nabuchodonosor appelle le dieu Chamache [cuneiform] (1) [cuneiform] "le juge suprême qui place un commandement glorieux "dans les oracles qu'il m'adresse" (R v I p. 55 col. IV l. 29, 30) et je pense que la ligne 2 doit être restituée ainsi : [cuneiform].

Le mot [cuneiform] me paraît désigner à la fois "les ordres, les arrêts de la divinité, les oracles "qu'elle rend pour manifester sa volonté, l'écrit où

[cuneiform] (R v. V p. 30. l. 11). Ce caractère devait avoir d'autres valeurs encore.

(1) Le texte porte : [cuneiform]

Le caractère [cuneiform] est une forme archaïque de [cuneiform] (ninivite [cuneiform]); on le trouve deux autres fois dans le grand cylindre de Nabuchodonosor, savoir :

"ces oracles sont consignés" et aussi "l'oracle qu'un "homme obtient d'un dieu, l'ordre qu'il en reçoit"; après , le pronom suffixe indique, soit la personne qui donne l'ordre, soit celle qui le reçoit. Un long passage de Nabon-naïd, où ce mot revient plusieurs fois, nous montrera ses différents sens. Le roi, désirant reconstruire un ancien temple, consulta les sages de Babylone qui lui conseillèrent d'entreprendre ce

---

1°. A la ligne 9 de la 4e colonne, dans la phrase "cause des cris de joie et "des acclamations des Igigi" (le mot doit être lu "ebsikin".

2°. A la ligne 67 de la 3e colonne, dans le nom propre de temple . Un syllabaire nous apprend que pouvait se lire (R v.V p. 39 l. 31) et le groupe se lisait certainement de la même manière, car le nom propre ci-dessous est écrit dans un autre texte de Nabuchodonosor (R v I p. 51 n° 1 col. I l. 27). J'ignore le sens de qu'il ne faut pas confondre avec "le jour": le nom propre qui nous occupe doit très probablement être lu "bit our sibitti ilané "irsiti".

travail, il s'adressa ensuite aux dieux et voici en quels termes il nous raconte ce qui se passa :

[cuneiform]

« je fouillai (1) les temples de Chamache et de Méron, les seigneurs forts, et voici que Chamache et Méron m'avaient prescrit (2) dans leur ancien oracle de construire le sanctuaire .... » (3)

---

(1) Le roi veut dire qu'il fit faire des recherches dans les temples, afin de découvrir les anciens oracles qui pouvaient y exister. Un texte lexicographique nous apprend que [cuneiform] était synonyme de [cuneiform] et de [cuneiform], verbes qui signifient "chercher" (R v II p. 36 n° 3 l. 46, 47, 48).

(2) [cuneiform] est l'iphtéal d'un verbe qui, au kal, a le sens de "dire"; on en trouve le premier aoriste dans la phrase : [cuneiform]. "ils me donnèrent" littéralement : "ils me dirent l'ordre formel de trouver le cylindre" (R v I p. 69 col. II l. 49, 50). Le second aoriste est [cuneiform] (R. v. IV p. 22 l. 2).

(3) Les mots [cuneiform] sont

(R.v.V p.63 col. II l.2,3,4). Après une ligne que je ne comprends pas, le roi continue en ces termes:

"je recommençai[1] et pour construire le sanctuaire.....,"

---

incompréhensibles pour moi.

[1] Je traduis par "je recommençai". Le verbe, qui se trouve deux fois dans le passage de Nabou-naïd cité ci-dessus, vient de la même racine que le syriaque ܬܢܐ et, comme lui, signifie au Kal "recommencer, "faire de nouveau"; au pael, de même que le syriaque ܬܰܢܺܝ, il a le sens de "raconter, informer", exemples: "il m'informa de ces actes" R.v.V p.1 l.63) "toute espèce de chose" littéralement "tout ce qui est raconté "d'un mot, tout ce qui a un nom" (R.v. IV p. 20 l.24).

Il ne faut pas confondre "raconter" avec un autre verbe qui s'écrit de la même

"je fouillai les temples de Chamache et de Méron, afin "de savoir si [1] ce qui était agréable à leur divinité "l'était aussi à Mardouk qui habite le temple Chakkil, "mon maître ; Chamache et Méron placèrent dans "l'oracle qui m'était destiné un ordre [2] formel". Cette phrase est suivie d'un passage en écriture cryptographique qui contient probablement le texte de l'ancien oracle qui avait fait connaître à Nabou-naïd les volontés de Chamache et de Méron. Le roi ajoute ensuite : [cuneiform]

---

manière, mais vient d'une racine différente et signifie "changer" (قَتَّ, قُتَّ) ; exemple [cuneiform] "il changerait la limite et la borne". (R v. I p. 70 col. II l. 13, 14).

(1) Le mot [cuneiform] me paraît devoir être rendu dans cette phrase par "afin de savoir si".

(2) C'est à tort, je crois, que dans mon travail sur l'inscription de Bavian (page 32) j'ai attribué à [cuneiform] le sens de "grâce, faveur"; ce mot me paraît signifier "commandement, ordre". On le trouve souvent suivi du qualificatif [cuneiform] "stable, solide"; [cuneiform] veut dire "un ordre formel", un "ordre qu'on ne doit pas transgresser."

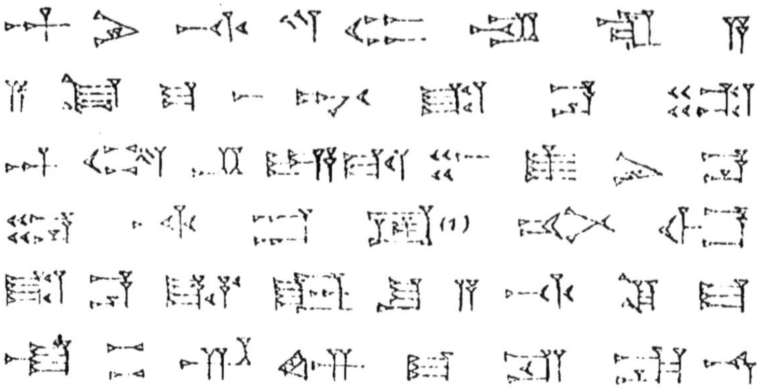

 « je lus la teneur de cet « oracle d'un jour ancien et pour que ce fût agréable à « Mardouk mon seigneur[2], de nouveau j'examinai ? « l'oracle ; l'ordre glorieux de bâtir ce sanctuaire com-« me anciennement avait été placé dans l'oracle qui me « concernait » (R v V p. 63 col. II l. 20, 21, 22, 23). Après un second passage en écriture cryptographique qui contient un nouvel oracle ou une autre partie du même oracle, Nabou-naïd termine son récit en nous apprenant

---

(1) Le texte publié dans le recueil du British Museum porte un caractère mal fait qui est probablement . Les mots 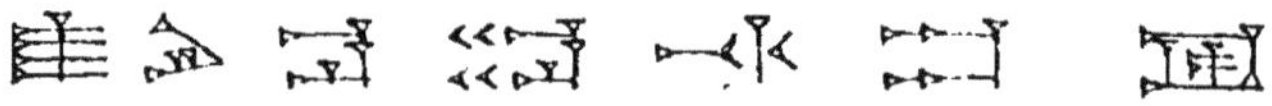 paraissent vouloir dire « de nouveau je demandai un oracle » ou bien « de nouveau j'examinai l'oracle ».

(2) Je rends 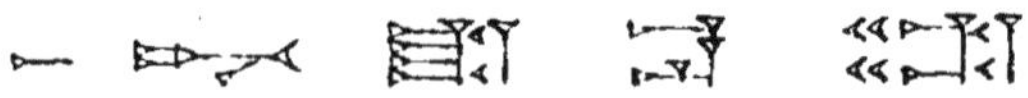  par « pour que ce fût « agréable à Mardouk », mais je ne suis nullement certain d'avoir bien compris ces mots.

qu'il vit le document sur lequel était écrit cet oracle[1], se fia à la volonté des dieux et reconstruisit le sanctuaire. Le pluriel de est (R v V p. 65 col. I l. 12, 2. p. 57, l. 9).

Lignes 5, 6, 7, 8. J'ai de nouveau construit dans Babylone le temple , temple de , qui est situé sur la plateforme ? du rempart extérieur, pour , la maîtresse suprême qui proclame mes œuvres pies.

Le mot en partie effacé de la ligne 5 ne peut être que , que je traduis conjecturalement par "plateforme" et qui se lisait sans doute avec un b, car il est écrit dans un autre texte de Nabuchodonosor (R v V p. 34 col. II l. 9).

est le participe féminin singulier de "il a dit, il a proclamé".

Lignes 9, 10, 11, 12, 13, 14, 15. "Pour la déesse ...... "la dame suprême qui habite le .... qui améliore ma "chair et garde mon âme, j'ai revêtu un dai en chêne,

---

[1] Le texte porte "je vis cet oracle" (R v V p. 63 col. II l. 34). Le mot désignait donc parfois une chose visible.

"bois éternel, avec de l'or rouge et je l'ai placé au-"dessus d'elle."

Le mot "ciel" désigne évidemment une sorte de dai ou de baldaquin placé au-dessus de la statue de la déesse.

Le premier mot de la ligne 10 est ; le premier mot de la ligne 11 est

Lignes 16, 17, 18, 19. La table ..... où l'on place ses aliments (littéralement : propriété de ses aliments) je l'ai revêtue d'or jaune, je l'ai ornée de pierres, de ...... et placée devant elle.

L'idéogramme est expliqué dans un texte lexicographique par , mot qui signifie, non pas "plat", comme on le traduit généralement, mais "table"; c'est le syriaque ܦܬܘܪܐ. Je ne sais quel est le sens de . Une tablette lexicographique nous apprend que les expressions et étaient synonymes (R v. II p. 23, l. 28), malheureusement, le sens de m'est aussi inconnu que celui de (1).

(1) De même qu'on appelait la table des dieux, on appelait peut-être la litière dans laquelle on portait la statue des dieux (voyez page 74).

Notre passage prouve qu'on appelait la table sur laquelle on plaçait les aliments destinés aux divinités. Il semble que les souverains y admettaient parfois les personnages qu'ils voulaient honorer et qui devenaient de la sorte les convives des dieux : Achour-ban-abal décrit en ces termes les honneurs qu'il rendit à des ambassadeurs :

"ces fils de Babylone, je les plaçai à la table ...., "je les revêtis de vêtements bleus". (R v V p. 3 l. 90, 91, 92).

Au sujet de , voyez mon travail sur l'inscription de Mérou-nérar 1r page 23.

vient du thème اكل et signifie "aliments" ou peut-être "plats".

Lignes 20, 21, 22, 23, 24, 25. Je plaçai en cercle ?, à ses portes élevées, deux chiens d'or, deux chiens d'argent, deux chiens de bronze, dont les membres étaient grands et de proportions considérables.

Au sujet de "membres" voyez Schrader "die Höllenfahrt der Istar page 118.

signifie "grand, gros, considérable" (au propre et au figuré) ; on trouve ce mot dans le passage suivant de Nabou-naïd:

"ce temple que tu me dis de construire, la tribu de "Manda [1] l'entoure et sa force est grande" (R v. V p. 64 col. I l. 24, 25). De la même racine vient l'adjectif […] "gras, gros" (غلظ), qui est souvent donné comme épithète aux animaux que l'on sacrifie (R v I p. 66 l. 9) et aux arbres (R v. V p. 63 col. I l. 39).

---

(1) Les caractères […] forment deux mots qui doivent être lus "zab Manda" (les hommes de Manda). Le nom de ce peuple est écrit […] dans Assarhaddon (R v. I p. 45 col. II l. 7) et il est question, dans Cyrus, (R. v. V p. 35 l. 13) de la nation de Manda ([…]). On a beaucoup discuté sur l'Empire des Mèdes et ses origines, nous savons par Nabou-naïd qu'Ishtoumégou (Astyage) était roi de la tribu de Manda, aussi je me demande si les historiens grecs n'ont pas confondu les Mèdes ([…]) avec le peuple ou la tribu de Manda et s'il y a véritablement eu un empire "mède". Ce n'est là, bien entendu, qu'une hypothèse que je soumets au lecteur.

Je fais de le permansif chaphel d'un verbe dérivé du même thème que et je suppose que ce mot signifie "agrandi, "grand."

se trouve dans une phrase citée ci-dessous où il est dit que des colosses de pierre étaient parfaits en [1]; je traduis ce mot par "proportions" et je le fais dériver du même thème que le verbe "il "a compté".

Le substantif paraît, dans un certain nombre de textes, devoir être rendu par "lieu, "endroit, place." Sargon qualifie une localité de "endroit dévasté" [2] et Nabuchodonosor nous apprend qu'il reconstruisit un palais "à son ancienne place" (R v. I

---

(1) Il semble qu'il existait un autre mot , dont je ne saurais indiquer le sens. Nabou-naïd mentionne une catégorie de scribes qu'il appelle (R v. V p. 65 col. I l. 32); il pourrait se faire aussi qu'on ait appelé ainsi "les architectes" et que cette expression signifie littéralement "scribe de proportions".

(2) Lyon: Keilinschrifttexte Sargon's, page 6 ligne 36.

p. 66, l. 32). Enfin, Sennachérib parle de colosses et de statues qui 

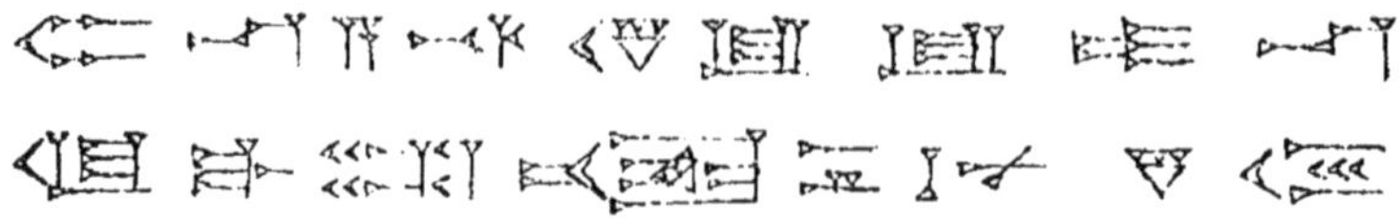

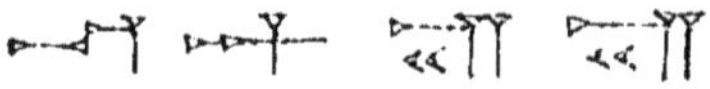 "étaient construits d'une "seule pierre, parfaits en proportions et se dressaient en "l'air à leur propre place"[1] (R v. III p. 13 l. 15, 16). Néanmoins, il est évident que, dans notre passage, le sens de "place" est inadmissible et je serais très porté à croire que 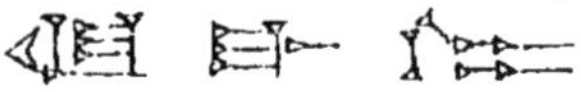 doit être lu "Kikallou"[2] et signifie au propre "cercle, rond" et, seulement par extension "circonférence, lieu, endroit." Je citerai, pour terminer, deux phrases d'Achour-ban-abal où 

---

(1) Il semble, au premier abord, qu'il serait plus naturel de traduire "ils étaient construits d'une seule pierre et, parfaits "en proportions, ils se dressaient en l'air par suite de leur propre "poids"; mais je ne connais aucun exemple d'un mot 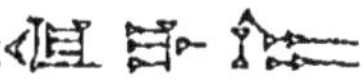 qui signifierait "poids".

(2) Ce mot viendrait du même thème que le syriaque 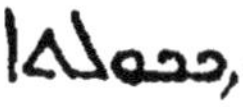, que Bar Ali explique de la manière suivante : 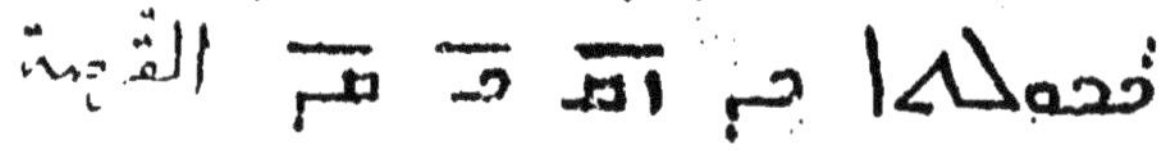. Voyez : Syrisch-arabische glossen autographie einer Gothaischen Handschrift enthaltend Bar Ali's lexikon von Hoffman. Kiel 1874.

paraît devoir être rendu par "livre, écrit" ou quelque chose d'analogue :

"il a lu l'écrit des livres de Sin" "il est écrit dans les "livres de Sin[1] (R v. V p 3 l. 121).

Lignes 25, 26, 27, 28, 29, 30, 31 Tab-soubourchou le rempart extérieur de Borsippa, j'ai construit de nouveau le mur de soutien de son fossé, en bitume et en briques. J'en ai entouré la ville afin de la défendre. Au dieu , qui brise l'arme de ceux qui se révoltent contre moi, j'ai construit de nouveau un temple dans Borsippa.

Tout ce passage se retrouve textuellement dans un cylindre de Nabuchodonosor (R v. V p. 34 col. 2 l. 22 et suiv.)

J'ignore le sens du mot qui entre dans le nom propre .

L'infinitif signifie évidemment "protéger, défendre". Je n'ai jamais rencontré les aoristes de ce verbe dont le sens primitif est peut-être "couvrir" (נצר).

---

(1) Peut-être, dans les deux phrases citées, doit-il être lu non pas "Kikalli", mais "Kigalli" ?

Septième colonne.

Lignes 1, 2, 3, 4, 5, 6, 7, 8, 9. Moi Nabuchodonosor, roi de Babylone; ichatikou suprême, restaurateur de la cité des grands dieux, je pense continuellement aux temples Chakkil et Zida, je m'occupe sans cesse des lieux consacrés à Mardouk, le grand seigneur mon créateur, et à Nabou le fils puissant aimé de ma royauté.

A la ligne 9 [cunéiforme] ne peut se rapporter qu'au sujet de la phrase, c'est-à-dire au pronom de la première personne sous-entendu; mais je serais très porté à croire que le lapicide a gravé ce mot par erreur au lieu de [cunéiforme].

Lignes 10, 11, 12, 13, 14, 15, 16, 17, 18, 19, 20, 21, 22, 23, 24, 25, 26, 27, 28, 29, 30, 31. A leurs fêtes pures, à leur grande akit, j'ai passé devant eux avec de l'or, de l'argent, des pierres, des [cunéiforme], du . . . ., du [cunéiforme] brillant, production? des montagnes? et des plaines?, avec les prémices? de toute espèce de chose précieuse?, de grands bœufs gras, parfaits, des liquides pour faire des libations pures; un veau (?), un agneau (?), une chèvre, un [cunéiforme], un [cunéiforme], des poissons de la mer, des oiseaux du ciel, des [cunéiforme], des

, des , des , des rouges, des , des légumes frais ?, gloire des sillons ?, des fruits mûrs ?, production des champs, des dattes, des , de l'huile ? , du vin , de la cervoise (?), du beurre, du , du lait, du , de la graisse, du de couleur foncée, produit de ....., ce que les plaines donnent de meilleur, du , du sans nombre, du vin en aussi grande quantité que de l'eau, tout cela, chaque année, avec profusion et en abondance.

Le seul verbe de cette longue phrase, , se trouve à la ligne 31. , pouvant être une première ou une troisième personne du singulier et les fautes d'accord n'étant pas rares en assyrien, on pourrait supposer que les mots en sont les sujets, mais, dans ce cas, je ne vois pas quel pourrait être le sens de la phrase. Il me paraît évident que le verbe est à la première personne du singulier et que, malgré l'absence de toute préposition, les mots etc, doivent être rendus de la manière suivante : "dans leurs fêtes pures, dans "leur grande akit". Le moment où une chose a lieu est habituellement indiqué en assyrien par , mais notre passage prouve que cette préposition pouvait être supprimée ; je peux, du reste, citer deux exemples d'une construction semblable : dans un texte rhythmé publié par Mr Pinches (Texts in the babylonian Wedge-writing, page 15) nous lisons "dans le mois de la vie, à "la fête de l'akit, que l'on fasse de la musique"?; enfin une phrase presque semblable à la nôtre, mais un peu moins longue, se trouve dans un cylindre de Nabuchodonosor (R v. I p. 66 l. 7, 8 et suiv.).

Il est probable que, dans le passage qui nous occupe, le roi faisait allusion à une cérémonie qui avait lieu à la fête de l'akit, cérémonie dans laquelle il passait devant les statues des dieux et faisait ensuite défiler devant elles les victimes qui devaient être sacrifiées, les mets et les objets précieux qui devaient être offerts ; je rends donc, à la ligne 12, la préposition par "avec", mais je m'empresse de reconnaître que la traduction que je donne de ce passage peut être discutée. La plupart des mots qui s'y trouvent ayant déjà été expliqués, je ne parlerai que de ceux que nous rencontrons pour la première fois.

A la ligne 12, après , le texte portait probablement , mais il m'est impossible d'indiquer quel était le mot qui terminait la ligne.

J'ignore le sens de ; le mot suivant était peut-être . La fin de la ligne 13 doit probablement être restituée ainsi:

.

Bien qu'il ne manque qu'un seul caractère à la ligne 15, je ne saurais en déterminer le sens exact. Peut-être "tête, commencement" signifie-t-il "prémices" et est-il une faute pour . Il m'est impossible de restituer le mot suivant, mais je serais porté à croire que le sens général de cette ligne est "les "prémices de toute espèce de chose pure."

La fin de la ligne 18 doit être ainsi restituée:

.

, qui se trouve dans un texte de Nabuchodonosor (R v I p. 65 col. II l. 27), signifie peut-être "chèvre" comme l'arabe عنز. Quant à , c'était sans doute le nom d'un animal de l'espèce ovine que je ne saurais déterminer[1]. Dans un passage relatif à la célébration de la fête de l'"akitu" (R v. I p. 66 l. 12), cet animal est mentionné après l'agneau ([illegible])[2].

Le mot en partie effacé de la ligne 19 est [illegible] "oiseau".

[illegible] est expliqué, dans un texte religieux, par [illegible] (R v. IV p. 26 n° 7, l. 47, 48); malheureusement, le caractère [illegible] étant polyphone, ce mot peut être lu de bien des manières.

Je ne saurais indiquer la lecture du groupe [illegible], que nous trouvons également à la ligne 15 de la 4e colonne de l'inscription en caractères cursifs et qui est l'idéogramme d'un nom d'oiseau, ni celle de l'idéogramme [illegible], qui désignait peut-être une espèce de boisson.

J'ignore quel est le sens des mots [illegible] et [illegible].

Le mot en partie effacé de la ligne 27 est [illegible].

---

(1) L'idéogramme de [illegible] est [illegible] (R v. V p. 38 n° 2 verso l. 41).

(2) Cet idéogramme est manifestement le mot [illegible] intentionnellement défiguré.

"puissance, pureté" signifie évidemment, à la ligne 28, "ce qu'il y a de meilleur, de "plus parfait". Achour-nassir-abal fit la statue d'un dieu "avec la meilleure pierre de mon-"tagne et avec de l'or rouge" (R v. I p. 23 l. 133); enfin, on trouve dans Nabuchodonosor : "ce qu'il y a de mieux en fait de graisse" (R v I p. 65 col. I l. 20).

J'ignore le sens du mot , qui est écrit à la ligne 17 de la 7e colonne de l'inscription en caractères archaïques et dans un autre texte de Nabuchodonosor (R v. I p. 65 col. II, l. 31. R v. I p. 66 l. 15).

La lacune de la ligne 29 contenait probablement les mots "sans nombre" et celle de la ligne 30 (R v. I p. 66. l. 15, 16).

Lignes 55, 56, 57, 58, 59. 60, 61. Pour fortifier les défenses du temple , j'ai fait de nouveau comme anciennement la toiture en terrasse de tout le temple et des bâtiments situés devant le............, j'ai construit en bitume et en briques les murs de soutien des fossés de Cutha et, pour défendre la ville, je l'ai entourée d'un mur.

(par un r) parait

avoir eu, entre autres sens celui de "défenses, fortifications", ainsi que le prouve cette phrase : [illegible] "j'ai fortifié avec art les remparts" (R. v. I p. 56 col. VI, l. 53, 54).

Le dernier mot de la ligne 55 ne pouvait être que [illegible].

La signification de [illegible] est encore inconnue : dans un grand nombre de passages, on pourrait traduire ce mot par "mur, muraille", mais il en est d'autres, par exemple le nôtre, où ce sens conviendrait fort peu et je me demande si [illegible] ne signifierait pas "toit, toiture". Il est vrai que Nabuchodonosor parle d'un [illegible] en briques (R. v. I p. 57, col. VII l. 57), mais ce mot pouvait désigner de même que le syriaque [illegible] (1), non seulement une toiture de forme bombée, mais aussi un toit en terrasse. Dans notre passage, Nabuchodonosor parlerait de la restauration de toits en terrasse où les soldats se plaçaient pour repousser les assaillants.

La fin de la ligne 61 doit être ainsi restituée :

---

(1) Bar Ali définit en ces termes le mot [illegible] (Bar Ali édition Hoffmann page 12) :

[illegible] سطح البيت والاحجار والسقف

[cuneiform]

L'idéogramme [cuneiform] se lit certainement [cuneiform] (ville). On le trouve souvent dans les textes babyloniens, par exemple dans ces deux phrases de Nabuchodonosor qui ont été mal lues par Guyard (Notes de lexicographie assyrienne pages 56, 60) : [cuneiform] "excepté la ville, Babylone, "je n'ai point établi de ville dans tous les pays" (R v. I p. 58 col. IX l. 54, 55, 56) [cuneiform] "à l'exception de Babylone et de Borsippa, "je n'ai point établi (1) de ville" (R v I p. 57 col. VII l. 32, 33).

---

(1) [cuneiform], pael d'un verbe à troisième radicale défectueuse, paraît bien vouloir dire "poser, fonder, établir", exemples : [cuneiform] "j'y établis le siège de ma "royauté, la demeure ? de ma seigneurie (R v. I p. 66 l. 41, 42.) [cuneiform] "je l'achevai" (littéralement "j'achevai son œuvre") et j'établis le "siège de ma royauté" (R v. I p. 58 col. VIII l. 64 col. IX l. 1, 2).

qu'il gouverne Cc 10 l 40. Infinitif [cunéiforme] P 28.

BL [cunéiforme] seigneur, maître A c 2 l 4. Cc 4 (h) l 2. c 6 (h) l 29 (ܒܥܠ, בַּעַל)

BLD [cunéiforme] voyez aux lettres N L D.

BLT(h) [cunéiforme] vie. Cc 6 (h) l 32. P 114.

BLT [cunéiforme] dame, maîtresse. Cc 6 (h) l 6).

BLT [cunéiforme] apport, tribut A c 3 l 24 P 32 écr. id. A c 3 l 30. P 31 etc (ܒܠܘ)

BN [cunéiforme] bâtir, construire, créer. 1re personne du 1er aoriste [cunéiforme] A c 6 l 29, 44. Cc 6 (b) l 11. c 7 l 60 etc. Participe [cunéiforme] créateur, qui a engendré A c 1 l 7. Cc 7 l 6. P 52. Pael [cunéiforme] construire Cc 3 (b) l 10. P 38 etc Niphal [cunéiforme] ils ont été construits. P 110 (בָּנָה, ܒܢܐ, بنا)

BN [cunéiforme]. J'ignore le sens de ce mot que l'on pourrait traduire par "poids" Cc 9 l 40. P 123.

BS [cunéiforme]. Bas (nom d'une ville de Babylonie) P 45, 46.

BR [cunéiforme] ?

A c 3 l 15.

BRZ [cunéiforme]

Borsippa A c 6 l 8, c 7 l 33. Cc 4 (h) l 14. c 6 (h)

l 25 P 119 etc.

BRM [cunéiforme] (pluriel masculin) bleus, azurés (?) P 88, 107.

BRM [cunéiforme] ciel. Ce mot signifie probablement au propre « bleu » Ac 5 l 27. Cc 3 (h) l 8 P 87, 88.

BRCh [cunéiforme] tranquillement (?) Cc 9 l 47. P 124, 125.

B Ch [cunéiforme] être, exister [cunéiforme] il a fait attention à, il a été attentif à (littéralement : ses oreilles ont existé vers) Ac 1 l 15.

BChT [cunéiforme] produit, production. Ac 3 l 26. P 31, 32.

BT [cunéiforme] grâce, faveur, décret par lequel un dieu accorde une faveur à un homme, arrêt d'un dieu pour exaucer une prière (voyez page 131, note 1.)

BTK [cunéiforme] le pays de Bit-Koubati (il était situé à l'est ou au sud du lac d'Ourmi) Ac 4 l 53 [cunéiforme] la ville de Bit-Koubatti. P. 10.

BTQ [cunéiforme] fendre, séparer, couper, tailler. P 121, 122 1re pers. [cunéiforme] C. c 9 l 33. P 121, 122. (ብተቀ:)

BTT [cunéiforme] le pays de Betati. Ac4 l54. P10.

G [cunéiforme] tiare P85.

G [cunéiforme] pluriel [cunéiforme] cours d'eau flot, Cc3(h) l7 P85.

G [cunéiforme] matériel, machines P86.

GB [cunéiforme] (participe féminin singulier) disant, celle qui dit, qui proclame Cc6 (h) l7. P105.

GB Ch [cunéiforme] grandeur, grande quantité. Cc6(b) l27 etc.

GGD [cunéiforme] (forme babylonienne pour [cunéiforme]) tête Cc10 l39 etc.

GGR [cunéiforme] (forme babylonienne pour [cunéiforme] terre) [cunéiforme] kachbou de terre (nom d'une mesure de longueur) Cc6(b) l17, 25, 28.

GD [cunéiforme], [cunéiforme]. Ce mot désignait peut-être une sorte d'offrande. Ac4 l35, c7 l7. P59.

GD [cunéiforme] voyez aux lettres KD.

GKL [cunéiforme] sorte d'animal de l'espèce ovine. Cc7 l18. P115, 116 etc. id. P. 115

GL [cunéiforme] (Rv1v p23 n° 1 l10). Féminin [cunéiforme]. grand. P70.

GLT (participe pael) opposant, ennemi Cc9 l48. P125.

GMR totalité, tout P50.

GMR ensemble, totalité P121.

GN (pluriel) rites, cérémonies du culte Ac5 l15, 17. P11, 26.

GS. , con-tribution, tribut. Ac3 l31. P.32, 33.

GR brique. Ac6 l36. Cc6(k) l27. c6 (b) l9, 10, 21, 31 etc ou brique recouverte d'un émail de couleur argentée P38, 53, 54 (اجر).

GR toit, toiture (?) Cc7 l56 P118.

GChR (Rv IV p9 l37) pluriel fort, puissant. P101.

GT , (forme babylo-nienne pour) main. Ac2 l2. c3 l22. Cc8 l28 etc.

D , , . On désignait sous ce nom un objet d'assez pe-tite dimension que je ne saurais déterminer, peut-être l'autel ou une sorte de taberna-cle renfermant des objets servant au culte des dieux. Ac6 l43. P39, 48, 54.

D jusque, avec A c7 l44, 48 etc (עד)

D 1° main 2° (préposition) auprès de, avec, de (indique la séparation après certains verbes.) P52.

DDM pays, contrée. P119.

DHD , (pael) placer, poser, établir et peut-être, multiplier (s'emploie avec deux accusatifs) Ac4 l 57. P25, 34, 35,

DHD abondant P56.

DHD abondant P35.

DL , ? Ac6 l33. Cc3 (b) l6. P38. 42.

DLB , dépendances, bâtiments dépendant d'un autre bâtiment Ac6 l24. P37.

DMQ fortifier, rendre solide. P43

DMQ , , , 1° pureté, sainteté, puissance, 2° ce qu'il y a de mieux, ce qu'il y a de plus parfait, 3° sens, teneur d'un écrit Cc6 (h) l2. c7 l28. c9 l39. P99, 103, 107.

DMQ féminin pl. masc. pluriel féminin

[cuneiform] pur, glorieux, saint Cc7 l10, 15, 17 etc.

DN [cuneiform] pluriel masculin [cuneiform] fort, puissant, grand Cc6(b) l25. c9 l38 etc. id. P42, 69 (du thème DNN)

DNN [cuneiform] fortifier, rendre fort. Infin [cuneiform] Cc6(b) l22, c7 l55. P118.

DNCh [cuneiform] 1° fortement, avec puissance 2° (après un adjectif) très, beaucoup, indique le superlatif. P.86.

DPG [cuneiform] plateforme (?). La forme [cuneiform] que l'on trouve dans le grand cylindre de Nabuchodonosor (R v I p55 col IV l.47) est probablement fautive. Cc6(h) l5. P.105.

DR [cuneiform] éternel, perpétuel Cc6(h) l12 etc.

DCh [cuneiform] (pael) placer, établir et peut-être instituer. Infinitif [cuneiform] Ac7 l2. Cc4(h) l.8. P56.

DCh [cuneiform] frais (?) Ac7 l11. Cc7 l22 P64, 65.

DChP [cuneiform] hydromel (sens conjectural) Ac7 l17. P68.

DChP [cuneiform] miel P68.

ZB (R v II p2 n° 293) (collectif) les hommes P78.108.

ZBT Voyez aux lettres ZPT.

ZHL nom d'une matière qu'il m'est impossible de déterminer. P54.

ZKR se souvenir, mentionner, nommer. Pael élever, rendre haut Ac4 l1 Cc2 l16. c5 l21.

ZKR élevé, haut Ac7 l51. Cc9 l33 etc.

ZKR mention, nom Ac1 l17 Cc7 l35.

ZKR pyramides à étages. P14

ZL le pays d'Izal (il était situé près des sources du Tigre) Ac4 l50 P9.

ZLH (pluriel) libations Ac7 l6 Cc7 l6,17 P59 ( )

ZLL toit, toiture Ac6 l21, 26 etc.

ZM Voyez aux lettres SM.

ZMK équinoxe, époque de l'année où a

lieu - l'équinoxe (?) Ac7 l29. Cc2 l3. c3 (h) l12. P 72. 88, 90. 91 etc.

ZMR ventre Ac4 l32.

ZN , (pael) orner. forme corrompue pour . Ac6 l20, 27, 31. Cc3 (h) l6. c3 (b) l1, 4, 18. c6 (h) l14, 18. c7 l43. P92 etc. (زين).

ZN oreilles Ac1 l15 (اذن, اذن).

ZNN restaurer. Participe , restaurateur Ac1 l20. c6 l2. Cc1 l19. c7 l3. Le dérivé semble prouver que ce verbe vient du thème ZNN. Un second verbe , venant également du thème ZNN, signifie "pleuvoir" (Rv III p31 col IV l23); son 2e aoriste est (Rv IV p19 n° 1 l16), tandis que le 2e aoriste de "restaurer" est "izannan" : on en trouve la 1ère personne dans Nergal-char-oussour (Rv I p67 col I l18.).

ZNN restauration Ac2 l3.

ZNT ? Ac7 l36 P75.

ZNT (pluriel) restaurations, réparations. P51.

ZPT , , . sorte de machine de guerre P85, 86.

ZPT espèce de roseau. (j'ignore si la 1ère lettre de ce mot est un Z, un S ou un ص.) P66.

ZQP (infinitif) planter. P66.

ZR révolté, rebelle Cc7 l41.

ZRB , voyez aux lettres S (ص) RB.

ZRP Zarpanit (nom d'une déesse) Ac4 l24, 56 etc.

ZRR sorte d'émail précieux de couleur foncée Ac7 l37. Cc5 (h) l5. P55, 84, 85.

ZRT , sorte de palanquin ou de litière (?) P71, 72, 106.

ZRT sorte de pavillon portatif servant de tente Ac7 l25, 37. P69, 72.

ZRT ? P69, 71.

H bord, rive, rivage. P83.

H étranger Cc9 l22.

HDCh joyeusement. P121 ([illegible])

HDT (pluriel) cris de joie, acclamations Cc4 (h) l4 P100.

HZ prendre, posséder, connaître Pael et, par corruption, fermer, munir d'une serrure (?) Ac6 l40, 46 Cc3 (b) l12. P38, 47.

HZ [cuneiform] sorte de verrou ou de serrure (?) Ac6 l40. Cc3(b) l12. P38.47. (ܐܣܘܪܐ)

HLB [cuneiform], [cuneiform] étendre une chose sur une autre, revêtir, couvrir. Ac6 l13 Cc6(b) l13.

HLB [cuneiform] le pays de Hilboun. Ac4 l51 P10 (חֶלְבּוֹן)

HLT [cuneiform] mal P52.

HMT [cuneiform] beurre ou peut-être lait caillé. P67. écr id. Ac7 l15, Cc7 l25. P67. (חֶמְאָה)

HS(ص)P [cuneiform], [cuneiform] production, produit Ac3 l26. Cc9 l41. P31, 32, 115.

ḤR [cuneiform] creuser P69.

HRD [cuneiform] Hardichpi, (ville située à l'ouest ou au sud du lac d'Ourmi) P10.

HRN [cuneiform] route Ac3 l13. P31.

HRT [cuneiform] fossé Cc6(h) l26. c7 l59 etc.

H Ch [cuneiform] sombre, qui est de couleur foncée, ou peut-être gris [cuneiform] ou rouge (?) P117. Ce mot était synonyme de [cuneiform]. (voyez: Guyard, notes de lexicographie assyrienne page 78).

HChR [cuneiform] cèdre (?) P47 (أرز, אֶרֶז).

T(ط)B [cuneiform] être bon, être agréable (L. p87 l18) Aphel [cuneiform] rendre bon, améliorer, réjouir (R v I p14 l93) Participe féminin singulier Cc6 (h) l10. Chaphel (forme corrompue pour "ouchatel" rendre bon, rendre agréable. P47. (طاب , טוב)

T(ط)B bon Ac2 l9 etc

tab-soubourchou (nom du rempart extérieur de Borsippa) Cc6(h) l25. P111.

T(ط)B le bien, l'agrément Ac5 l1. Cc4 (h) l5.

T(ط)LD voyez aux lettres NLD.

T(ط)M (R v I p46 l57) ordre, décret Ac1 l14.

YT je, moi Ac4 l3 etc.

KBR , , bord, bord d'une chose, rive, rivage, mur de soutien, mur adossé à une masse de terre pour l'empêcher de s'ébouler. Cc6(b) l21, 31 P69. 70. 98.

KBCh Ikkibchounakar (nom d'une rue ou d'un quartier de Babylone) Ac7 l47 P79 Ce nom propre signifie peut-être « l'ennemi a été foulé aux pieds », il est vrai que le verbe "fouler aux pieds" se prononçait avec une S (R v I p46 l11, 24. R v I p13 l.64), mais on sait que dans le dialecte de Babylone les sifflantes étaient souvent confondues.

KBT [cuneiform], [cuneiform], féminin [cuneiform] grand, considérable. A c1 l17. c3 l31. C c7 l35 etc.

KGL [cuneiform] livre, écrit (?) P110, 111.

KD [cuneiform] plur. masculin [cuneiform] grand, de grande taille, puissant P38, 39. A c6 l28. C c3 (b) l2. (J'ignore si ce mot se prononçait avec un K, un G ou un ق).

KDD [cuneiform] (pluriel) temples, (on trouve aussi une forme [cuneiform] qui est peut-être fautive) P49, 50.

KDN [cuneiform] (infinitif) couvrir (?), protéger, défendre. C c6 (h) l28 P111, 119 (ከደነ:)

KZB [cuneiform] splendeur, beauté A c7 l35. P74

KZR [cuneiform] disposer, arranger, faire, construire. 1re personne [cuneiform], [cuneiform]. C c6 (b) l9, 21, 31. Ce verbe, qui est écrit, dans les textes babyloniens, tantôt avec un Z, tantôt avec une S (R v I p55 col V l4, p56 col VI l32, v V p34 col I l30), se prononçait avec un ש, dans le dialecte ninivite (R v I p29 l41, v IV p8 l9.)

KKB étoile Ac5 l27 etc. id. Cc3(h) l8. (كوكب, ܟܘܟܒܐ, ኮከብ:, כּוֹכָב).

KKD mentalement, en pensée Ac2 l.10. Cc7 l5. P30.31.

KKL (masculin et féminin) 1° cercle, rond(?) 2° lieu, endroit, place. (Un autre mot qui s'écrivait de la même manière, mais se prononçait peut-être "kigallou" paraît avoir signifié "livre, écrit") Cc6(h). l24. P109. 110 (ܟܘܟܠܐ)

KL tout, tous. Ac6 l41, Cc3(h) l13 etc (كُلّ)

KLL (chaphel) achever, terminer. Permansif pluriel masculin parfaits Cc5 l7. c7 l10 P25, 100 etc (ܓܡܝܪܐ)

KLL couronne (?) parapet P76.

KLL l'un des deux, chacun des deux P76.

KLL deux, tous les deux Ac7. l38. P75.76 (كلّان, ክልኤ:)

KLCh totalité, tout P49. (voyez: Pognon, inscription de Bavian p81.)

KM comme Ac4 l14 etc.

KM enlever quelque chose à quelqu'un, s'emparer Cc9 l23 P72.

KN … être stable, être solide. Aphel … , … rendre stable, rendre solide, affermir, établir, placer, 2e aoriste … . Cc2 l9. c6 (k) l19 P35 etc.

KN … perpétuel, qui dure, qui s'occupe continuellement de quelque chose, qui fait une chose continuellement. Cc7 l9. P112 … je m'occupe sans cesse, je passe mon temps à. Ac2 l5. Cc7 l5. P30, 31. Adverbe … continuellement, sans cesse. Ac1 l10. c2 l8.

KN … , … établi; solide, stable, fidèle. Ac1 l3. c2 l6. Cc7 l33 etc.

KNK … , … pilier placé au milieu de la porte contre lequel les deux battants s'appuient (?) Cc2 l9. P38, 43.

KNT … ? Cc8 l40.

KSL. … ? Cc2 l2. c7 l57. P80, 81 cér. id. P81.

KSP … argent. Cc3 (b) l8, 12, 15 etc (ܟܣܦܐ, כֶּסֶף)

KSR … (1re personne) voyez aux lettres KZR.

KSR … (pluriel) portés (?) (sens très douteux); ce mot signifie peut-être corstructions, bâtiments.) Cc6 (b) l15 P17.

KPR bitume Ac7 l52, Cc4 (b) l2, 8 etc cér. id. P69.

KR , quai, berge d'un fossé ou d'une rivière Cc3 (h) l19, c6 (h) l26. c7 l59.

KR . Voyez aux lettres QR.

KR (ékour) pluriel temple P48, 50.

KRB milieu, intérieur dans au milieu de, vers Ac7 l34. Cc2 l7. c3 (h) l14 etc.

KRCh ventre (voyez : Guyard, notes de lexicographie assyrienne p87.) P67.

KCh Kachou-nadin-akhou (nom propre d'homme) P19.

KChB nom d'une mesure de longueur (grande inscription de Khorsabad, l144) Kachbou de terre (nom d'une mesure de longueur) Cc6 (b) l17, 25, 28.

KChT forêt Ac4 l6 P45, cér. id. P45, 47 (Loro)

KChT légions Cc3 (h) l10. cér. id. Ac5 l29.

KT akit (nom d'une fête que l'on célébrait une fois par an à l'époque de l'équinoxe du printemps) Ac5 l35. c7 l30. Cc2 l4. c3(h) l16. c7 l11. P73, 81, 94, 95, 113, 114.

L non, ne pas Ac7 l.41 etc.

L monter, être haut. Aphel élever, rendre haut. Ac4 l1. (علا, עָלָה)

L sur, davantage, à, pour, excepté Ac2 l9. c4 l26. c7 l2, 20. Cc6 (h) l. 15. P55, 56, 102, 119 etc.

L féminin pur, brillant. Ac4 l7, 49. c7 l44. Cc3(h) l7.

L dieu (الله, ܐܠܗܐ) Ac1 l7.

L non, ne pas P82 etc.

L Ce mot désignait peut-être une sorte de graisse Ac4 l47, c7 l16. Cc7 l26. P68.

L ancien, antique, reculé et aussi éloigné, qui est au loin. Pluriel masculin P26, 101.

LB cœur Ac3 l1, 2. Cc4 (h) l5. dans, dans l'intérieur de. Cc6 (h) l35. c9 l29. (لب, ልብ:, ܠܒܐ, לֵבָב).

LBN ... le Liban Ac4 l5 Cc 9 l12, 26, 41, 46.

LBR ... (R v I p67 col II l3) pluriel masculin ... ancien Ac5 l13. ... comme anciennement Cc7 l58. P.104.

LBCh ... (pael) habiller, revêtir d'un vêtement (avec deux accusatifs). P107. Chaphel ... , ... revêtir une chose d'une autre chose, faire à une chose un revêtement en une autre chose. Ac 6 l19, 35. Cc2 l10. c3 (b) l3, 7. c6 (k): l13, 17. c7 l27 etc (لبس , ܠܒܫ)

LK ... aller. Participe ... Cc8 l18 (הלך)

LK ... action d'aller, allée P74.

LKK ... allée, marche, faits et gestes, exploits, manière d'agir, volonté, ordre. Ac1 l6. Cc1 l6 P23.

LKT ... allée, marche Ac7 l39.

LL ... splendeur, gloire. Ac4 l41, c7 l11, 36. Cc7 l22 P65

LL ... (pluriel) splendeurs, gloires. Ac5 l30. c7 l10. Cc3(h) l11. P65, 77.

LM ... (chaphel) entourer

quelquechose de quelquechose (avec 2 accusatifs) Cc5 l24, P63, 76. Ishtaphal même sens. Cc6 (b) l 19.

LMS , (féminin) Lamas (espèce de fée) P78.

LN , en haut de. Cc6 (b) l5, 23

LN ? Cc7 l27. P.116.

LNM veau (?) P58 Ac7 l6 èx. id. Cc7 l18. Il n'est pas certain que ne soit pas un idéogramme.

LCh en haut. Cc9 l 28.

L. ChN langue, mot, nom P102.

(لسان, ܠܫܢܐ, ልሳን:, לָשׁוֹן)

LT (pael) creuser, faire une tranchée (?) Cc9 l34. P122.

LT divinité Ac1 l14. c2 l11 etc.

LTT gloire Cc10 l35.

M (particule suffixe) et Ac4 l27 etc. Au sujet de la prononciation de ce suffixe, voyez page 92.

M pluriel et eau Cc6(b) l27 etc. Adverbe du pluriel comme des eaux. Cc7 l 29.

M vers, dans, à, sur, vers Cc3(b) l 13. P38, 47.

MG savant. Ac1 l19.

MG voyez aux lettres MQ.

MGR Imgour-Bel (nom du rempart extérieur de Babylone..) Cc5 l6.

MGR auditeur, celui qui écoute, qui obéit. (Voyez: Guyard, notes de lexicographie assyrienne p.80) Ac1 l3 Cc1 l3.

MD , savant, qui sait Ac1 l11. P24.

MHZ , ville, cité Cc5 l4. c7 l3. c8 l45. c9 l8 etc. (ܡܚܘܙܐ)

MHR recevoir, agréer. Infinitif Ac3 l22. P31.

MHR , qui est placé devant ou avant, antérieur Ac7 l41. Cc4 (h) l1 etc , , devant, avant, auparavant devant, vers devant Ac7. l1. Cc6 (h) l19. c7 l31. c9 l57 etc.

MKL (pluriel) aliments ou peut-être plats Cc6 (h) l16. P187 (ܡܐܟܠܐ)

MKL quai, embarcadère. Cc3 (h) l23. P97 (مكلا)

ML (R v I p54 n°4 l18.) être plein être rempli.. Participe féminin singulier Ac7 l36. Pael

remplie Cc8 l28 Chaphel de pael , faire remplir Ac7 l40.
Cc3(h) l'u ete. (ملا)

MLT(ط) écrit P111 (مسطر)

MLK , route, chemin Ac6 l38. Cc3(h) l11. c7 l36 P38.44.

MM est peut-être une faute pour tout ce qui, quoique ce soit. Cc7 l55. P115.

MM (collectif) les bêtes, les animaux P125

MMCh Voyez à .

MN compter P91, 109 (منا)

MN à droite P41.

MN (féminin au pluriel) peuple, armée P73, 108.

MND Manda (nom d'un peuple) P108.

MNM , quiconque, quelqu'un (avec une négation) aucun Ac7 l41 etc.

MNT pluriel , 1e compte (?) 2e proportion Ac4 l31. Cc6(h) l22. P90, 91, 109 110 nom que l'on donnait à une catégorie de scribes. P109.

MSK ,

, [cuneiform] chêne (?) Ac6 l.11, 39. c7 l25 Cc3(b) l11. c4(b) l14. c6(h) l. 12. P35, 44.

MSR [cuneiform] pluriel [cuneiform] (minceute [cuneiform]) 1° ligne, ligne d'écriture, écrit, texte, inscription 2° sillon d'un champ 3° nom d'une maladie (?) Cc4(h) l 18. c7 l22. P64, 65. c.r. id. P50, 64.

MS(ص) [cuneiform] cerser (?) P26.

MS(ص)R [cuneiform] défenses, fortifications Cc7 l55. P117, 118.

MQ [cuneiform], [cuneiform] force, puissance. Cc7 l39, c9 l25. P108.

MR [cuneiform] (pael) ordonner, commander, envoyer Ac2 l3. c5 l16.

MR [cuneiform]. J'ignore le sens de ce mot qui est peut être une corruption de [cuneiform] "agneau" Ac7 l6. Cc7 l18. P58.

MR [cuneiform] agneau P58, 116 (إمرا)

MRS(ص) [cuneiform] pénible, difficile, qui est d'un accès difficile. P86.

MRS(ص) [cuneiform] maladie (?) P64, 65, (مرعا , مرض)

MCh [cuneiform] ? Ac7 l46, 50. P79.

MChB [cuneiform] demeure, habitation Cc8 l46.

MChD [cuneiform], *promenade (action de se promener et aussi lieu où on se promène) Cc 3(h) l24, c4 (b) l12.. c6(b) l16. P72, 74, 88, 97.*

MChR [cuneiform] *(pluriel) membres Cc6(b) l21. P107.*

MT [cuneiform] *pluriel* [cuneiform] *(Kr IV p 44 l21) et* [cuneiform] *1° pays 2° plaine A c3 l26 Cc7 l14 etc.*

MT [cuneiform] *volonté Cc8 l48.*

MTQ [cuneiform], [cuneiform]. ? *A c4 l46. c7 l15. Cc7 l26 P67.*

N [cuneiform] *à, vers, pour, selon (?) P27 A c1 l14 etc.*

N [cuneiform], [cuneiform] *dans Ac4 l5. P69 etc.*

N [cuneiform] *commandement, ordre P101, 102, 103.*

NB [cuneiform] *Nabou (nom d'un dieu) P28 etc* [cuneiform] *Nabon "face d'eux trois" P37* [cuneiform] *Nabuchodonosor Cc1 l1.*

NB [cuneiform] *nombre P117.*

NB [cuneiform], [cuneiform] *fruit Ac7 l12. Cc4 (h) l19. c7 l23.*

NBTh [cuneiform] *(chaphel) faire briller Cc3 (h) l9.*

NBCh [cuneiform]. *Voyez aux lettres* NPCh.

NGT musique (?) P114.

ND élevé, auguste A c1 l5.

NZ , 1° femelle de l'aigle ou du vautour (?) 2° nom d'une étoile ou d'une constellation aussi appelée «l'étoile du cheval» P60, 61 Cer. id. P60.

NHCh , 1° abondance 2° produit, production. P32, 117.

NK Je, moi A c1 l22 etc.

NKZ (1re personne) je coupai A c4 l8, c6 l18. Ce verbe se prononçait avec une S dans le dialecte ninivite (R v I p12 l68, v I p45 l18).

NKM (pael) amonceler, accumuler (R v I p57 col VIII l.18). 2° aoriste A c3 l32 P33 Le Kal de ce verbe avait le même sens; on en trouve le 2e aoriste dans Téglathphalasar Ier (R v I p16 l68).

NKR les ennemis Cc9 l18. P120.

NKR ennemi Cc6 (h) l30.

NLD habitation, temple, sanctuaire. P49. Cer. id. p48, 49 La lecture de ce mot est douteuse, le premier caractère étant polyphone

NMN (?) ? Cc9 l42.

NMR , brillant ; or jaune (?) Ac6 l13. Cc6 (h) l17. c7 l13 P36 etc.

NMR (féminin) clairvoyante (?). P174.

NMR difficile, d'accès difficile Ac3 l13.

NMR brillamment, splendidement P54.

NMCh (?) ? Ac3 l21.

NMT Nimit-Bel (nom du rempart intérieur de Babylone) Cc5 l6.

NN Nana (nom d'une déesse) Ac7 l19. Cc4 (h) l3.

NN poisson Ac4 l38. c7 l10. Cc7 l19. P63 (ܢܘܢܐ)

NN (iphteal) être dévot, adresser une prière. Part. Part de l'ittaphal (?) pieux, dévot. Ac1 l19. P28.

NN prière. P28.

NND (sorte d'offrande distincte du sacrifice P35 éc. id. P34, 35 (נְדָבָה)

NNR illuminateur P75

NSH arracher, détruire, saccager, déporter, disperser. 1ère personne Cc9 l29. P120.

NSK , ? Ac3 l27. c5 l25. c6 l20 Cc3(h) l8. c3(b) l4 etc.

NSCh , (R. I p56 col VI l 27. v V p34 col II l14) de loin. Cc6(b) l4.

NPCh , . Ce mot signifie "machine de guerre" en général, on désigne une machine que je ne saurais déterminer P85. 86.

NPCh , , âme Cc6 (h) l11. c6(b) l33 (نفس, ܢܦܫܐ, נֶפֶשׁ, ነፍስ:)

NS(P)R protéger, garder. Participe féminin P106.

NQ sacrifier des victimes, faire des libations. Participe à l'état construit . celui qui fait des libations P125. Voir sur cette expression un article de Mr. Amiaud (Journal asiatique, 7e série, tome XVIII 1881 page 236)

NQ têter. Participe chaphel au pluriel féminin nourrices. P67 (ܝܢܩ, יָנַק)

NRB entrée. Ac7 l48.

NRB (plur) passages(?) Ce9 l35.

NRM aimé de Ac1 l4,9. c2 l7 Ce1 l4. c2 l11. c7 l8 etc.

NCh porter, élever. 1ère personne avec le suffixe MA P9. Permansif avec le suffixe de la 1ère personne il me porte Ac3 l2 il est enlevé (forme passive que je ne saurais déterminer) P69.

N Ch action d'élever, élévation l'élévation des mains, la prière Ac3 l22. P31, 35, 52.

N Ch (1) homme, les hommes P25 Ac2 l1. c5 l29 etc (ناس, انس)

NT ustensiles, meubles (voyez: Guyard, notes de lexicographie assyrienne p.79) Ac5 l21. Ce3 (h) l3.

SBR ? P111.

SDR livrer bataille, combattre ou peut-être ranger une armée en bataille. Pa-el. combattre(?) 2e année Ce9 l27. P120.

---

(1) Le mot est orthographié dans

SWN [cuneiform] nom d'un mois P.93 (סִיוָן, vaseo)

SH [cuneiform] Le pays de Soukh (Il était situé dans la vallée de l'Euphrate, près de Rakkah et d'Anah.) P10, Ac4 l52.

SH [cuneiform] sorte d'animal Ac4 l38. c7 l10. Cc7 l19 P61.

SHR [cuneiform] tourner, s'en retourner, tourner autour P36. Permansif [cuneiform] il tourne autour de lui. P108. Chaphel [cuneiform] faire tourner autour,

---

une phrase de la formule écrite au bas des tablettes de la bibliothèque de Koyoundjik : [cuneiform]

"celui à qui Nabou et Tachmet ont accordé une "vaste intelligence (littéralement : une vaste oreille), "qui a eu (littéralement : qui a pris) l'œil clairvoyant des "hommes de science" littéralement " des hommes d'écriture." Rv iv p6 col vi l42 et suiv.)

Latrille a déjà reconnu que le caractère [cuneiform] se lisait "chin" (Zeitschrift fur Keilschriftforschung 1885 p241.)

par suite, entourer une chose d'une autre chose. (avec deux accusatifs) Cc6 (h) l28. c7 l61. P119 Ichtaphal [cunéiforme] même sens. P63.

SHR [cunéiforme] ensemble d'une chose, totalité. Le sens primitif de ce mot est probablement "circonférence" Cc7 l56.

SHCh [cunéiforme] ? On appelait [cunéiforme] la table sur laquelle on plaçoit les aliments destinés aux dieux P106 ; (la prononciation de ce mot est douteuse.)

SKP [cunéiforme] (L p61 l3) frapper, anéantir. Participe féminin [cunéiforme] (c8 l2.

SKP [cunéiforme] linteau de porte Cc3 (b) l14. P53 écr. id. P39, 53

SL [cunéiforme] pluriel [cunéiforme] rue Cc4 (b) l11. P79.

SLM [cunéiforme] paix, temps de paix P26, 51, 96.

SM [cunéiforme] plancher P42. écr. id. Ac6 l33 Cc2 l9 c3 (b) l6 P42. Adverbe : [cunéiforme] comme un plancher. P43.

SMT [cunéiforme] propriété, chose qui appartient en propre à quelqu'un ou qui sert à quelqu'un, insignes, attributs Ac4 l39. c7 l10. Cc6(h) l16. c7 l21. P25, 62, 63 107. etc.

id P63.

SN [cunéiforme] voyage [cunéiforme].

SN [cunéiforme] Ce mot est peut-être le nom d'un fruit que je ne saurais déterminer Ac7 l13. Cc7 l24. P66.

SN [cunéiforme] pluriel [cunéiforme] fête Ac5 l34. c7 l50. Cc2 l4. c3(h) l15. c7 l10 P72, 88, 93, 94, 95, 96, 113, 114 etc. id. P95 96.

SP [cunéiforme] seuil, (Ce mot au pluriel, désigne peut-être aussi les degrés placés devant la porte) Ac6 l32, 33. Cc5 l9. P34, 38, 39. 40, 41 etc. id. Cc3(b) l5, 6. P40, 41. (سف).

SP [cunéiforme] sorte de muraille ou de fortification (?) P40.

SP [cunéiforme] prière Ac3 l23 P31 etc.

SPH [cunéiforme] (pael) disperser. P121

SPH [cunéiforme] pluriel féminin [cunéiforme] dispersé Cc9 l30. P120, 121.

SQ [cunéiforme] marché (سوق) P79.

SRD [cunéiforme] rênes. Cc10 l30. Voir sur ce mot et ses différentes formes un article de Mr Amiaud (Journal asiatique 7e série tome XVIII

, 1881 pages 240, 241, 242.)

SRCh [cuneiform], [cuneiform] ? Cc7 l 29. A c7 l 17. P 117.

SRCh [cuneiform]. voyez aux lettres SHCh

ST [cuneiform]. Ce mot, qui semble s'être écrit idéographiquement [cuneiform] ou [cuneiform], désignait peut-être une graine ou un fruit avec lequel on fabriquait une espèce de cervoise appelée [cuneiform] [cuneiform]. (voir pages 130, 189)

ST [cuneiform] montagne P 69. [cuneiform] "le tribut de la plaine, le produit de la montagne". (R v I p 66 l 21). L'existence de deux mots synonymes se ressemblant autant que [cuneiform] et [cuneiform] me paraît bien singulière; je serais très-porté à croire que [cuneiform] est un idéogramme se lisant [cuneiform] et [cuneiform] un complément phonétique.

STK [cuneiform], [cuneiform] culte, cérémonies du culte P 25. 26 ecr. id. P 26.

PGL. [cuneiform] plur. masculin: [cuneiform] gros, gros A c 8 l 29. c 6 l 12 Cc7 l 16. c7 l 38. P 32, 108. (فاجل)

PGL grand, gros, considérable Cc6(h) l21 P107.108.

PHR se réunir. Pael. réunir, rassembler; infinitif P.121.

PL 2e aoriste dire, parler, P101. Iphteal ou ittaphal prescrire, ordonner. P101

PL époque, durée, durée de la vie Cc8 l36.

PL rouge. P62 éa. id. Cc7 l21.

PL , espèce de pierre P121, 122.

PLH (Rv1 p38 l73.) avoir peur, craindre servir. Permansif de l'iphteal il adore, j'adore Ac1 l 18. P.27

PLH respect, Ac1 l12, c2 l11. P24.

PLK voûte céleste P82 (فلك).

PLS (niphal) regarder P105, 121.

PN face, face deux trois (épithète du dieu Nabou) Ac6 l23, P.37 , , auparavant, en avant, devant Ac4 l36, 57. c5 l20. c7 l20. Cc7 l 54, 57. P84 , **devant. P50. 51**

PS la mer Cc7 l19. éa. id Ac7 l10 etc

SL chèvre (? Cc7 l18. P115 (شِرّ)

SP sorte d'oiseau de grande taille P59.

PH , , , sanctuaire, temple Ac3 l48. c6 l22, 25, 32, 34, 37. Cc2, l2. c3(b) l5, 7, 9 P48, 52 etc.

S(ס) (pluriel) blancs P121.

PQ (1ère personne du singulier) Dans la phrase citée à la page 104, ce verbe paraît signifier "examiner" ou peut-être "interroger"; le pael paraît avoir eu le sens de "faire attention". (voyez: Guyard, notes de lexicographie assyrienne p86.)

PR (infinitif) chercher P101 (voyez: Lotz, Die Prisma Inschrift des assyrischen Koenigs Tiglathpileser I, p. 135.)

PR fossé, marais (?) sorte d'animal Cc4 (h) l17 P 62, 63.

RR terre Cc6 (b) l18, 25, 30.

PRG ? Cc10 l24. Adrula ? P125.

PRK (2e aoriste du kal) il construit P50. (permansif) il est construit P51. Niphal 1°(avec la préposition [cunéiforme]) cesser, 2° se séparer de (avec la préposition [cunéiforme]) P51, 52. Chaphel [cunéiforme] faire, exécuter P52.

PRK [cunéiforme] construction, bâtiment; palais, temple, sanctuaire, édifice somptueux P48, 49, 50 écr. id P48 etc.

PRS(פרס) [cunéiforme], [cunéiforme] habitation, temple, sanctuaire P48, 49, 119 écr. id P48, 49.

PRCh [cunéiforme] Niphal (Rot p39 l54) voler, s'envoler, 3e personne du pluriel féminin [cunéiforme] Cc9 l24 etc.

PCh [cunéiforme], [cunéiforme] etc faire Ac7 l41 etc. Infinitif [cunéiforme] Ac2 le Niphal du Kal [cunéiforme] être fait P123.

PChK [cunéiforme] ? Ac3 l16.

PChR [cunéiforme], [cunéiforme] table Ac4 l55. c7 l18. P34, 106, 107 écr. id. Cc6(h) l16. P34, 56, 106, 107 [cunéiforme] table sur laquelle on servait les aliments destinés aux dieux P107 (ܦܬܘܪܐ)

PChT [cunéiforme] pluriel [cunéiforme] acte, oeuvre P52, 102.

PT [cunéiforme] ouvrir Piel [cunéiforme] ouvrir Cc9 l35 (فتح)

PT [cunéiforme], [cunéiforme] apport; tribut

P 31, 32.

PTQ faire, fabriquer, bâtir. 1re personne et Cc3 (b) l2, 15. P 38, 39.

PTQ oeuvre, ouvrage. Ac6 l29, 144. P38, 39, 54. des taureaux de bronze (littéralement: des taureaux oeuvre de bronze) P.38.

S(ص) sortir. (1re personne de l'aphel avec la particule MA) je fais sortir A c3 l32. P33.

S(ص) bois Cc6(b) l12. P44 (ܥܐ, עֵץ)

S(ص)BT prendre. Chaphel faire prendre quelquechose à quelqu'un, faire occuper un endroit à une chose. P41.

S(ص)LL toit, toiture Cc3(b) l16.

S(ص)LM image, statue Cc9 l50. c10 l17. P63 (صلم)

S(ص)M , voyez aux lettres SM.

S(ص)MB pluriel espèce de char. P72. (צָב)

S(ص)MM soif Ac3 l14. (ظمأ, ܨܡܐ, צָמָא)

S(ص)MM le pays de Simmin. P10.

S(ص)PT , (pluriel) plantations, jardins Ac7 l12. Cc7 l23. P65,66.

S(ص)PT voyez aux lettres ZPT.

S(ص)R , féminin plur. mas. , féminin élevé, suprême, sublime. Ac1 l4. Cc1 l4. c3(h) l6, 9, 16. c6(h) l 23. c7 l2 etc.

S(ص)R oiseau Cc7 l19 P59. 63, 116 (طير)

S(ص)RB , palmier. Le premier de ces deux mots désignait probablement le palmier mâle et le second le palmier femelle. P45. 46. écr. id. P45. le dieu Palmier (nom d'une divinité que l'on appelait aussi "le dieu, seigneur des palmiers") P46. (ጸበርት:)

S(ص)RT Voyez aux lettres ZRT.

Q D voyez aux lettres KD.

Q R , (pluriel) les mâts (A c7 l26, 38. P72, 73.

R pasteur Cc7 l33. (رعى, רָעָה)

R , bronze ou laiton A c6 l29. Cc5 l10. P38.

R sorte de graisse (?) P68.

R (1) ? P100. écr. id. P100

---

(1) Ainsi que l'a reconnu Guyard (Notes de

RB [cuneiform] (chaphel) agrandir (L p 64 l 56.) Participe féminin singulier [cuneiform] Inscription en caractères archaïques, texte gravé à gauche du bas-relief ligne 2.

---

lexicographie assyrienne, pages 30, 61, 73), il existe en assyrien un verbe [cuneiform], qui traduit généralement l'idéogramme [cuneiform] et qui signifie "aller, pénétrer dans un endroit, entrer". L'infinitif se trouve dans la phrase de Sargon [cuneiform] "des chemins où l'on ne peut pas passer" et le 1er aoriste dans Achour-nassir-abal (R I p 18 l 49.) L'aphel [cuneiform] se rencontre fréquemment dans les textes avec le sens de "transporter, emporter" (R I p 38 l 61. p 43 l 26); il devrait avoir aussi celui de "faire aller, envoyer" et être, dans ce cas, à peu près synonyme de [cuneiform] "envoyer". Or les mots dérivés du thème ChPR sont généralement rendus par l'idéogramme [cuneiform] et, bien que je n'aie jamais rencontré l'idéogramme [cuneiform], je n'en regarde pas moins comme très-probable que [cuneiform] est l'infinitif pael du verbe [cuneiform] ou un substantif dérivé de la même racine et que le nom propre "Bit-oursibitti-ilané-irsiti" signifie "le temple de l'envoi des

RB fém pluriel masc. grand Ac1. l7. Cc6(b) l27. c7 l11 etc. (רַבּ, רַב)

RB seigneur Ac1 l5.

RB action d'entrer, entrée Cc3 (h) l22. c3 (b) l19 P96.

RBS(ש) (infinitif) se coucher, dormir, habiter. Chaphel faire habiter. Cc9 l47 P125.

RBCh grandement Ac7 l42. Cc4(h) l2.

RBT avenue, grande rue. P79. etc. id. Ac7 l45. 49 P78, 79.

RBT grandeur, majesté Ac7 l39. Cc6 (h) l9. P72.

RWD , Aradus P93.

RH , mois P114.

RHT l'Arakht (nom d'une rivière) Cc3(h) l20. c9 l43 Ac5 l39.

RK être long (Rv. p33 col7 l13). Participe chaphel prolongeant Ac6 l7.

RK en arrière Cc3(h) l2

---

7 dieux de la terre."

RKB monter sur un char, sur un animal. P82 éc. id. P82 (ركب).

RKR véhicule Ac5 l19. c7 l22. Cc3 (h) l1. P72.

RKS (Pael) construire, bâtir. Cc6 (b) l12.

RL avoir, ou peut-être : rencontrer P125.

RM (le 1er et le 2e aoriste sont identiques) aimer, se plaire Cc2 l7. P24. 1re personne Cc10 l31. (رحم, رحم)

RN pin. P46 éc. id. Ac3 l29 etc. (אֹרֶן)

RNB Nom d'un pays Ac4 l52. P10.

RQ légume Ac4 l40. c7 l11. Cc7 l22. P63. 65 (رسما)

RĊh tête, sommet, commencement, prémices (ce dernier sens est très douteux) Ac4 l2. Cc2 l3. c5 (h) l12. c7 l15. P115 etc. (رأس, رسا, ርእስ, ראש)

RCh. sombre, qui est de couleur foncée ou peut-être gris. ou rouge (?) Ac4 l48. c6 l19. c7 l27 etc. P36 etc.

RCh odeur Cc9 l14. P47 (voyez : Guyard, notes de lexicographie assyrienne p51)

RCh savant, érudit. Voyez : Lotz, Die Inschriften Tiglathpileser's I, p 81) Ac1 l16.

RChD (chaphel) établir, poser, bâtir Cc6(h) l24. P75.

RChT premier, primitif. P88. 109.

RChT (pluriel) cris de joie, acclamations Cc4(h) l4. P100.

RChT mur (sens conjectural) Ac7 l.72. Cc7 l23. P65.

RT (1re personne) disposer, arranger (R v I p 55 col IV l13.) Iphtéal ou iphtaal : (1re personne) je disposai j'arrangeai Ac6 l42. Cc3(b) l13. c6(b) l14. P39. Le pael de ce verbe « il a disposé, il a placé, il a arrangé » se trouve fréquemment dans les textes ninivites. (ረተዐ:)

Ch 1° qui, que, 2° marque du génitif. Ac1 l8 etc.

Ch se précipiter sur, fondre sur. P61.

Ch 1° (devant un infinitif) pour, afin de 2° (devant un 1er aoriste) parceque, comme 3° (devant un substantif) pour, en vue de, à cause de. Cc6(b) l29. c9 l49 etc

Ch fondations Ac6 l15 (أُسّ, اساس, אֻשִּׁשׁ)

ChB (Kal) s'asseoir, habiter. Participe féminin , , A. texte gravé à gauche du bas-relief l. 3. Cc6 (h) l. 10, 33. c7 l. 68 etc. Chaphel et, avec le suffixe MA, , (voyez page 92) faire habiter, établir Cc3 (h) l. 114. C4 (h) l. 6 etc. (ܝܬܒ, יָשַׁב)

ChB (R. v. I. p. 68 n° 1 col. II l. 31) se rassasier. Infinitif Cc10 l. 35. Pael (3e personne du pluriel) ils rassasiaient. P67. (شبع, ܣܒܥ)

ChBR (R. v. III. p. 41 col. II l. 22) briser. Pael briser. Participe Cc6 (h) l. 30 (שָׁבַר)

ChBR massue (?) Ac2 l. 1 P28, 29.

ChBT demeure, habitation Cc4 (h) l. 5.

ChGR chambranles de droite et de gauche d'une porte Cc2 l. 8. P33, 41 écr. id. Ac 6 l. 33. P38. 41.

ChD , montagne Ac3 l. 24. Cc9 l. 33, 34. P31 etc. Adverbe du pluriel comme des montagnes Cc6 (b) l. 11.

ChD Chédou (espèce de génie) P78. écr.

id. P41. 78, 12.

ChDH (2e aoriste) - se promener, s'avancer en procession, aller processionnellement d'un endroit à un autre A c7 l33 Cc2 l5. P 73, 74. Chaphel faire promener A c5 l30. Cc5(b) l17. P74 96 Infinitif du kal (?) se promener, procession, jour où une procession a lieu, P74.

ChDL (féminin) (plur. masc.) (plur. féminin) vaste, grand Cc6(b) l12 (voyez: Flemming, Die grosse Steinplatteninschrift Nebukadnezars II p53.).

ChDR voute céleste. P57.

ChDT ? A c5 l22. Cc3(b) l4. P84

ChZZ et, par corruption, chaphel de (du thème NNZ) dresser, établir, poser. A c6 l32. Cc3(b) l5. P38 etc.

ChH (pluriel masculin) qui ont poussé, qui ont grandi, grands. Voyez: Guyard. Notes de lexicographie assyrienne, page 43.) Ac 7 l 26 C c 9 l 38. P 72.

ChHR [cuneiform] (féminin.) dévastée P 109

ChK [cuneiform], [cuneiform] (forme babylonienne pour [cuneiform]) élevé. Ac 5 l 41 P 97.

ChK [cuneiform] solide, fort (?) P 112.

ChK [cuneiform] sorte de titre; on pourrait le traduire par "suppléant, vicaire" Cc 7 l 2. ca. id. Ac 1 l 4.

ChKB [cuneiform] (permansif Chaphel) agrandi; grand Cc 6 (h) l 22 P 109.

ChKN [cuneiform] faire, poser, placer, célébrer (une fête) P 94, 99 Iphtéal [cuneiform] placer, poser. P 35. Niphal [cuneiform] être fait, être placé. P 104, 114. Chaphel [cuneiform] faire placer, placer. P 102. Participe [cuneiform] Cc 6 (h) l 2. P 99.

ChKN [cuneiform] cause, objet P 100.

ChKR [cuneiform]. Ce mot désignait probablement toute espèce de boisson alcoolique ou de bière fabriqué avec des graines, des fruits ou des herbes que l'on avait fait fermenter (voyez pages 130, 177) (שֵׁכָר, سَكَر)

ChL [cuneiform] (participe

pael) pacifiant, tranquillisant (voyez : Guyard, Notes de lexicographie assyrienne, page 83) Ac2 l1. P29.

ChLH siège, habitation (?) P119.

ChLCh (féminin) (masculin) trois Ac6 l23. Cc4 (h) l18. face deux trois (titre du dieu Nabou) P37.

ChM entendre. Infinitif A c3 l23. P31 etc (سمع, ܫܡܥ, שָׁמַע, ሰምዐ:)

ChM (pluriel de) 1° ciel 2° dais, baldaquin Cc6 (h) l12. P82, 106. (سماء, ܫܡܝܐ, ሰማይ:, שָׁמַיִם)

ChM 1° si 2° afin de savoir si. P102, 103.

ChM sorte d'oiseau (?) Ac4 l37, c7 l9. Cc4 (h) l16. c7 l21 P61.

ChMH croître, pousser. Pael : faire pousser, produire, multiplier. P33, 65.

ChMH ce qui pousse, production. Ac7 l12. Cc7 l23. P65.

ChMH grand, considérable, nombreux. Ac3 l31. P32, 33.

ChML à gauche P41. (شمال, ܣܡܠܐ, שְׂמֹאל)

ChMN , graisse. Ac4 l47. c7 l16. Cc7 l26 P34, 68, 117. (سمن, ܫܘܡܢܐ)

ChMN Voyez aux lettres T K N.

ChMQ fond, profondeur. P87.

ChMR sorte d'émail de couleur argentée, brique recouverte de cet émail. P54, 55.

ChN , (1re personne) je recommençai. Cc6 (b). l23. P102, 104. Pael annoncer, raconter, informer P102 (permansif du pael) elles sont racontées P102 ([illegible])

ChN changer P103 ([illegible]) On trouve aussi une forme qui est probablement fautive (R v III p43 col 3 l21).

ChN autre. (voyez au sujet de l'addition de la particule MA à ce mot : Pognon, Inscription de Bavian, page 73) Cc9 l16, 17.

ChNN sorte de graine ou de céréale. (Guyard, Notes de lexicographie assyrienne, page 66) Ac4 l48.

ChS (R v IV p5 col II l37) dire, appeler, lire ; Iphtaneal

lire. P 111.

ChSB lait. Cc7 l26 P67 etc. id. A c7 l16.

ChP , poser, fonder, établir. P119.

ChP établissement, construction, fabrication. P42.

ChP peut-être le même mot que le précédent. Ac4 l9, c6 l9.

ChP établi, grand, solide, puissant. P120.

ChPK 1° verser, répandre 2° amonceler, accumuler 3° construire. Iphtéal amonceler, construire 1re personne , C c6(b) l18, 26. (Guyard, notes de lexicographie assyrienne. page 11.)

ChPK , amoncellement, monceau, jetée de terre Cc6(b) l18, 25, 30.

ChPL (pluriel masculin de) inférieur, bas Cc7 l44.

ChPL le dessous d'une chose, ce qui est par dessous, endroit où l'eau apparaît lorsqu'on creuse le sol à une grande profondeur. P69, 70.

ChPL en bas de. Cc6 (b) l6.

ChPL en bas Cc9 l28. P120.

ChPS ? Ac9 l24. P59.

ChQR pluriel masculin

précieux Ac3 l28. Cc9 l39 etc.; vient du thème ([illegible]).

ChQG en haut, en l'air P110.

ChR roi. Cc9 l37.

ChR , 1° lieu, endroit, place, temple 2° dans, à l'intérieur, pendant. Pluriel: Ac2 l6. c3 l14. Cc5 l2. c7 l6. c9 l31. P50, 51 etc. ([illegible])

ChRH (permansif pael) il est établi P87.

ChRK ? Ac6 l45. Cc3(b) l16.

ChRP brûler P86 (ܫܪܦ, שָׂרַף)

ChRR éclat Cc2 l12. c3(h) l9.

ChRT , royauté. P48. 119 Ac1 l9. c2 l7 etc.

ChRT pluriel temple Cc7 l40 C8 l17, 44 etc; le sens primitif de ce mot était peut-être "lieu, endroit" ([illegible])

ChCh (K v1 p55 col. IV l6) Flemming traduit ce mot par "marbre blanc" à cause de l'hébreu שֵׁשׁ, mais l'absence du déterminatif [cuneiform] que l'on met généralement avant les noms de pierres, me fait douter que le [cuneiform] soit une pierre. (Flemming, Die grosse Steinplatteninschrift Nebukadnezars II p. 35.) P73

ChCh [cuneiform] de nouveau. A c6 l8. Cc6 (Ch) l 4, 8, 26, 31, 34. Cc7 l 66 etc.

ChChM [cuneiform] Voyez à [cuneiform].

ChChR [cuneiform] (chaphel) diriger, conduire P124. Ichtaphal [cuneiform] même sens. P 122. Iphtéal de l'ichtaphal [cuneiform] diriger Cc9 l 36. P122, 124.

ChT [cuneiform] (Iphteal d'un verbe à 2e et 3e radicales défectueuses) 1° s'occuper d'une chose, 2° chercher, rechercher, fouiller, faire des fouilles dans un endroit. 1re personne [cuneiform], [cuneiform] Ac7 l2, 23. P101, 102. Infinitif [cuneiform] P101. Participe [cuneiform] Cc5. l2. c8 l39. Iphtanéal: [cuneiform] s'occuper continuellement, se préoccuper sans cesse d'une chose Ac1 l10. Cc1 l10 1re pers. [cuneiform] [cuneiform] Ac2 l8. Cc7 l9. Voyez: Guyard, Notes de lexicographie assyrienne, page 102. (شها).

ChT année , chaque année : Ac3 l 33. Cc7 l 30.

ChT de, depuis Cc6(b) l5 etc.

ChTL , , puissant Cc2 l5. c7 l7 P28, 87. (سلط , سلطا).

ChTM violent, fort. P85.

ChTR voyez aux lettres TR.

ChTR 1° Ichtar (nom d'une déesse) 2° déesse (en général) Cc8 l42, 45 etc.

ChTT voyez aux lettres ChChR.

T avec Cc5 l48 etc.

TB adversaire, ennemi (sens très douteux) P77.

TBK ? Cc7 l29. P116

TBR , vue, domination Ac5 l29. c7 l40. Cc3(h) l10 etc. Voyez Flemming. Die grosse Steinplatteninschrift Nebukadnezars II p42).

T'DCh restauration (?) Cc8 l41, 45.

TKL (pluriel) protecteurs. P52.

TKN table sur laquelle on plaçait les aliments

destiné aux dieux

litière dans laquelle on plaçait les statues des dieux (?) C 20(b) l 16. P 76, 106. 107.

T L ? A c 6 l 33 C 3 (b) l 6. P 38. 42.

T L le savant P 24.

T L (pluriel) les sciences A c 1 l 11. P 24. L'existence de ce mot est douteuse ; en effet, les voyelles finales étant écrites à peu près au hasard dans les textes de Nabuchodonosor, le mot est peut-être au singulier (voir l'article précédent) et, dans ce cas, la phrase signifierait non pas "celui qui connaît les sciences", mais "l'érudit, le savant."

T L (infinitif) dormir. P 124.

T L K chemin sacré, route A c 6 l 37. C 3(b) l 9. C 10 l 32. P 38, 44, 53.

T M dire, prononcer, parler, jurer. 2e aoriste . P 76. 1re personne. A c 2 l 10 P 30.

T M le pays de Touim A c 4 l 50. P 9.

la ville de Touim P 9.

TMH prendre Chaphel
faire prendre
Ac2 l2. P29.

TML terrasse, amoncellement de terre, plateforme sur laquelle est construit un palais Ac7 l51. P79.80.

TMN cylindre placé dans les fondations d'un bâtiment. Cc2. l15 etc.

TMT , pluriel mer Ac3 l25. Cc6 (b) l27. c9 l3. P31, etc.

TMT ? Ac3 l17.

TN ? Ac3 l18.

TND gloire, hauts faits, exploits. Cc5 l5.

TNN voyez aux lettres NN

TST Castiate (nom d'une ville) P121.

TPG voyez aux lettres DPG.

TPCh , savant, ou, peut-être actif Ac1 l16. P25.

TQ (Rv1 p42 l19) passer Iphtéal même sens. Cc7 l.31. P113.

TR revenir, devenir P86 Aphel

faire revenir, apporter, ramener, faire devenir, transformer, établir, rétablir, remettre. Cc9 l31. P26 etc. Ichaphel. même sens que l'aphel; Permansif il est établi; il est considérable. Cc9 l40 (صار).

TR action de revenir, retour. P74.

TR ? P72. Flemming traduit ce mot par "Reihe" à cause de l'hébreu תור, mais ce sens ne me paraît pas acceptable (Flemming, Die grosse Steinplatteninschrift Nabukadnezars II. p45)

TRB ? Cc3(l) l19 Ac6 l48. Ce mot ne se trouve, à ma connaissance, que dans le cylindre d'Antiochus (R. V p66 col II l3); je serais porté à croire qu'on appelait des statues de Nabou que l'on promenait en grande pompe à certaines fêtes.

TRB production. Pluriel Cc3(h) l15. P94.

TRS (ﺱ?) (R. V p10 l65) diriger. Chaphel disposer, placer, arranger, Ac6 l23. Cc6(h) l15 etc (ﺯﺵﻝ)

TRT pluriel

, ordre, arrêt d'une divinité, oracle qu'un dieu rend pour manifester sa volonté, écrit où un oracle est consigné, oracle qu'un homme obtient d'un dieu, ordre qu'il en reçoit. Cc6 (h) l2. P99. 100, 101, 102, 103, 104, 105.

TCh . Voyez aux lettres NCh.

TT , , territoire, et, peut-être superficie, surface. P83. Ac4 l13. c5 l20 Lc3(h)l2

TTR pont Cc4 (l) l13. (Lotz. Die Inschriften Tiglathpileser's I p 144).

TTR sorte d'oiseau (?) P61.

Errata

Page 12 ligne 7, au lieu de "mouton", lisez "agneau"

Page 12 ligne 14, au lieu de "du [illegible] pur", lisez "de la cervoise(?)"

Page 17 ligne 31, au lieu de "des moutons(?)" lisez "des agneaux(?)"

Page 18 ligne 7, au lieu de "du [illegible] pur", lisez "de la cervoise(?)"

Page 18 ligne 9, au lieu de "produits de" lisez "une grande quantité......"

Page 26 ligne 19, au lieu de "[illegible]" lisez "[illegible]"

Page 34 ligne 22, au lieu de "[illegible]" lisez "[illegible]"

Page 40 ligne 22, au lieu de "[illegible]" lisez "[illegible]."

Page 42 ligne 19, au lieu de "[illegible]" lisez "[illegible]"

Page 42 ligne 20, au lieu de "[illegible]" lisez "[illegible]"

Page 43 ligne 14, au lieu de "[illegible]" lisez "

Page 43 ligne 24, au lieu de "piller" lisez "pilier"

Page 44 ligne 9 au lieu de ""

lisez "".

Page 45 ligne 15, au lieu de ""

lisez ".

Page 63 ligne 24, au lieu de " et ces attributs " lisez

" et ses attributs "

Page 153 Ajoutez après la ligne 1. l'article suivant :

DMQ

(pluriel féminin employé comme substantif)

oeuvres pies, actes de piété, actes glorieux.

C c6 (b) l7, c8 l39, c10 l28, 37.

Planche I.

A. Quantin.SC.

WADI BRISSA.

L'inscription en caractères archaïques.

Planche II.

A. Quantin SC.

WADI BRISSA.

Bas-relief et commencement de l'inscription en caractères archaïques.

Planche III.

WADI BRISSA

L'inscription en caractères cursifs.

Planche IV.

A. Quantin.SC. A. Londe.

WADI BRISSA.

Haut des bas-reliefs de l'inscription en caractères cursifs.

Inscription en caractères archaïques

Texte gravé à gauche du bas-relief, au dessous d'un espace vide

1
2
3

Les lignes suivantes sont illisibles

Première colonne

(Au dessus du bras du personnage)

1
2
3
4
5
6
7
8
9
10
11
12
13

(Au dessous du bras du personnage)

14
15
16
17
18
19
20
21
22
23
24

Les lignes suivantes sont illisibles

Deuxième colonne

1
2
3
4
5
6
7
8
9
10
11
12

Troisième Colonne

1
2
3
4
5
6
7
8
9
10
11
12
13
14
15
16[1]
17
18
19
20
21
22
23
24
25
26

1 Ce caractère qui avait probablement été omis d'abord par le sculpteur a été gravé en travers de la ligne.

Les lignes suivantes sont illisibles

Quatrième colonne

Les lignes suivantes sont illisibles

Cinquième colonne

On ne peut distinguer que quelques caractères épars dans les onze premières lignes

Les lignes suivantes sont effacées

Sixième colonne

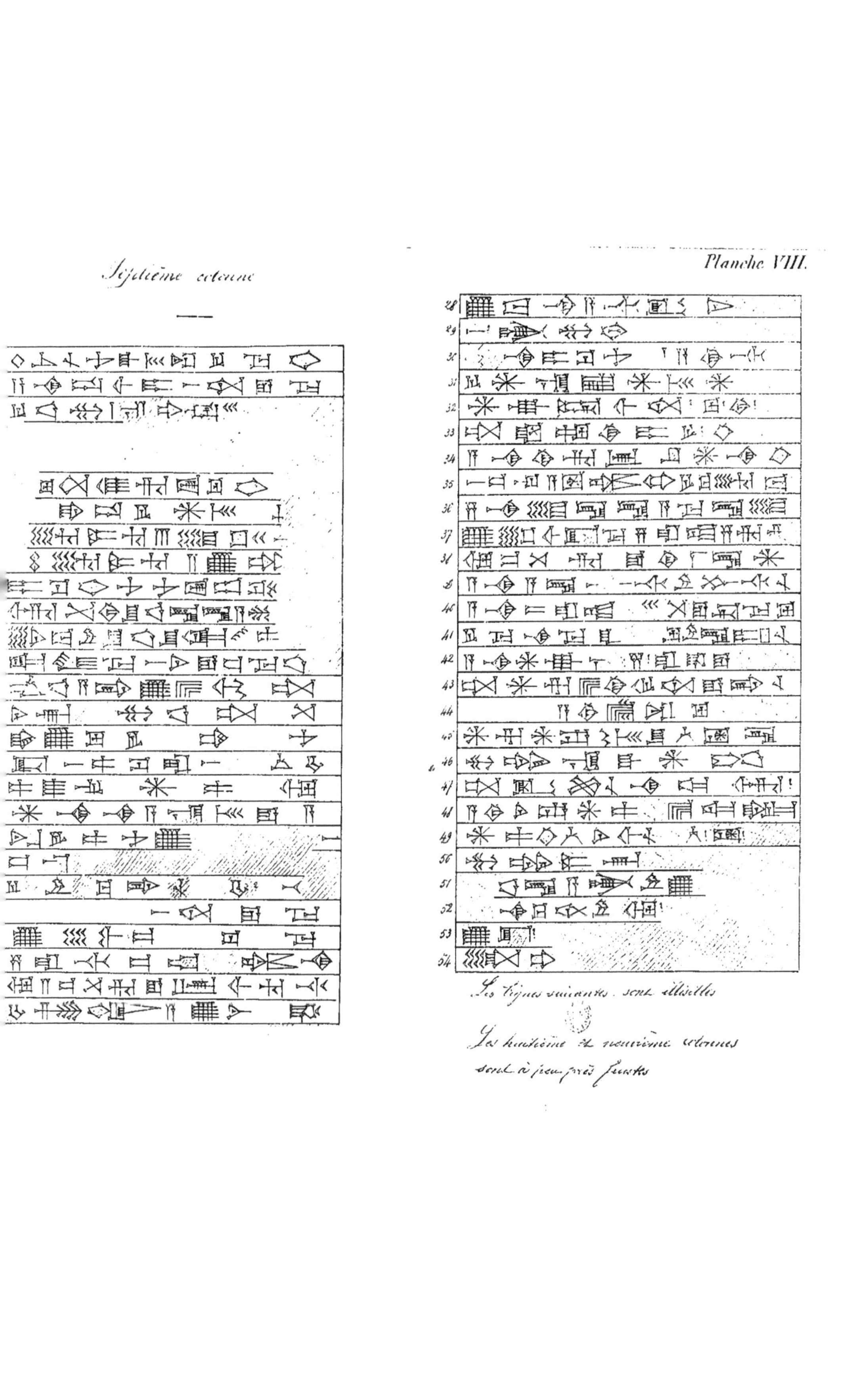

Septième colonne

Les lignes suivantes sont illisibles

Les huitième et neuvième colonnes sont à peu près frustes

Inscription en caractères cursifs

Haut de la première colonne

Les lignes suivantes sont illisibles.

Haut de la seconde colonne

Les lignes suivantes sont illisibles.

Haut de la troisième colonne

Le milieu de la colonne a disparu.

Bas de la troisième colonne

La ligne 21 est la dernière de la colonne

Haut de la quatrième colonne

Le milieu de la colonne a disparu

Bas de la quatrième colonne

La ligne 18 est la dernière de la colonne

Haut de la cinquième colonne

Les lignes suivantes sont illisibles

Planche XI.

Haut de la sixième colonne

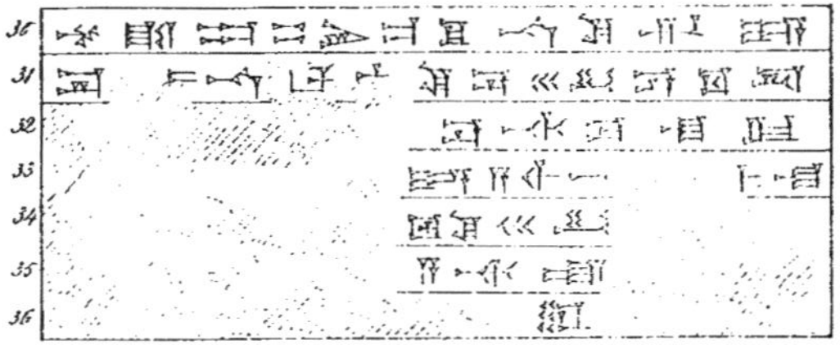

Le milieu de la colonne a disparu

Bas de la sixième colonne

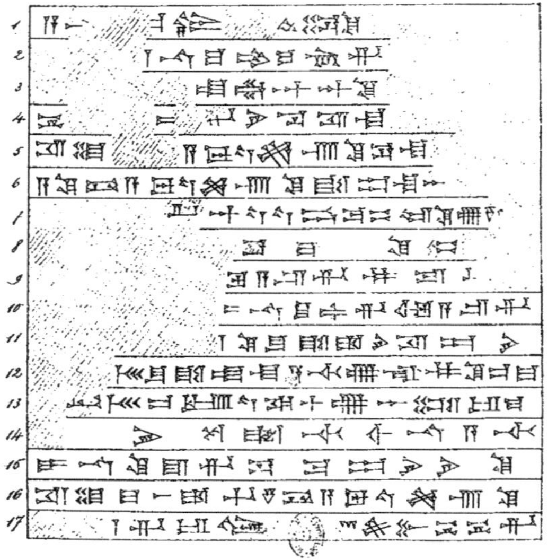

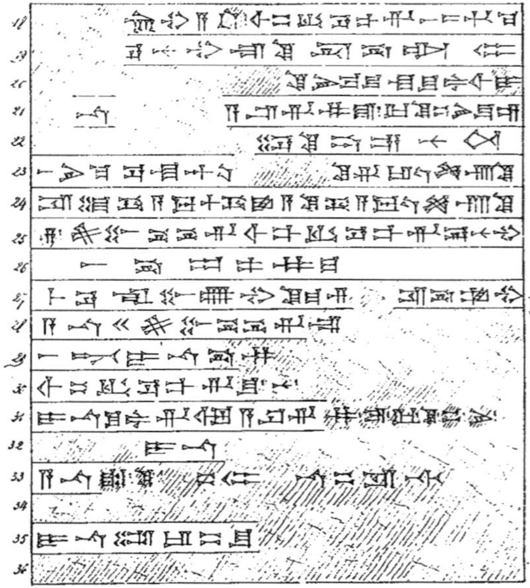

La ligne 36 est la dernière de la colonne

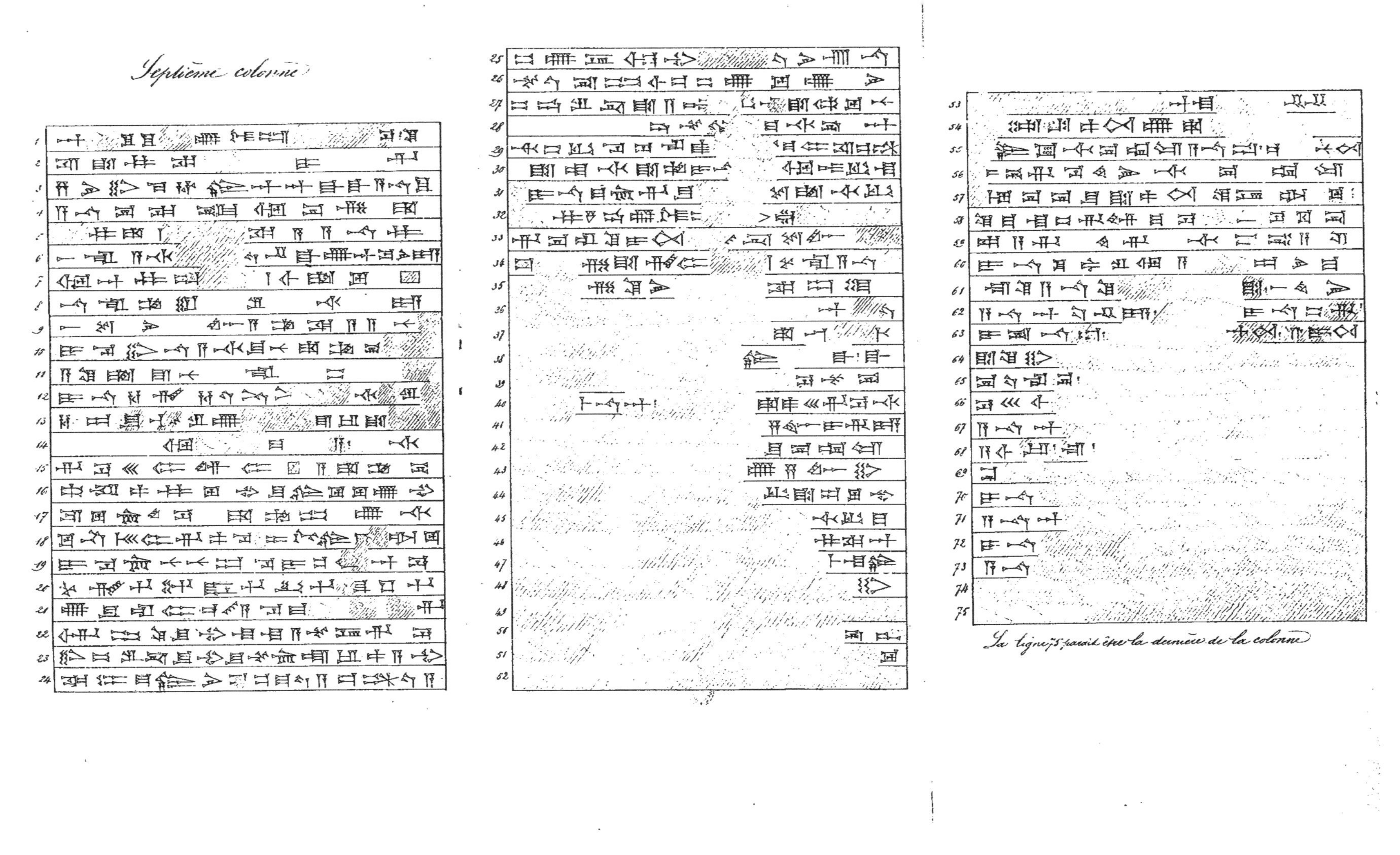

Septième colonne

La ligne 75 paraît être la dernière de la colonne

Huitième colonne.

Neuvième colonne.

Les dernières lignes de la colonne sont illisibles

Planche XIV.

Dixième colonne

Les quatre ou cinq premières lignes ont disparu

lignes 5 ou 6

lignes 6 ou 7

Plusieurs lignes illisibles

ligne 24¹

l 25

26

27

28

29

30

31

32

33

34

35

36

37

38

39

40

1 Cette ligne doit être à peu près la 24ème de la colonne mais le haut de cette colonne est en si mauvais état qu'il est impossible de compter le nombre exact des lignes.

Les dernières lignes de la colonne sont illisibles

www.ingramcontent.com/pod-product-compliance
Ingram Content Group UK Ltd.
Pitfield, Milton Keynes, MK11 3LW, UK
UKHW020326230726
13925UKWH00002B/649